CZECH IN 55 EASY DIALOGUES

Mgr. Denisa Sciortino

ISBN: 978-0-692-79073-1

I dedicate this book to my dear grandmother, parents, and my husband who have always supported and believed in me.

List of Abbreviations

Grammatical Gender		Part of Speech		Number		Others	
F	feminine	adj.	adjective	sg.	singular	inf.	informal
M	masculine	adv.	adverb	pl.	plural	lit.	literally
N	neuter	n.	noun			vulg.	vulgar

Table of Contents

25. **Narozeninová party.** Birthday Party

26. **Kupujeme dárek.** Buying a Gift

27. **Odtažení auta.** Getting the Car Towed

28. **V květinářství.** At the Florist's

29. **Úschovna zavazadel.** Baggage Room

30. **Kurz ledního hokeje.** Ice Hockey Course

31. **Na hradě.** At the Castle

32. **V bance.** At the Bank

33. **Půjčovna bruslí.** Ice-skate Rental

34. **U veterináře.** At the Vet's Office

35. **Na farmářském trhu.** At the Farmers' Market

36. **Potřebujeme hlídání.** We Need a Babysitter

37. **Počasí.** The Weather

38. **Plánujeme dovolenou.** Planning a Vacation

39. **Jedeme na lyže.** Going Skiing

40. **V kempu.** At the Camping Site

41. **Úraz.** Injury

42. **V muzeu.** At the Museum

43. **Jedeme na výlet.** Going on a Trip

44. **Pokuta.** Fine

45. **Pozvání na svatbu.** Wedding Invitation

46. **Schůzka.** Appointment

47. **Policejní stanice – krádež.** Police Station – Theft

48. **Rozbitý bojler.** Broken Water Heater

49. **Oprava bojleru.** Water Heater Repair

50. **V tělocvičně.** At the Gym

51. **Fotbal.** Soccer

52. **Pracovní pohovor.** Job Interview

53. **Jdeme do divadla.** Going to the Theater

54. **Máme hosty.** Having Guests

55. **V kadeřnictví.** At the Hairdresser's

Introduction

Czech in 55 Easy Dialogues is a self-study textbook for students of Czech as a foreign language, who want to expand their vocabulary and practice useful phrases in real life situations.

Learning through realistic dialogues is a fun and efficient study method to master communication in a foreign language because you learn new vocabulary in its proper context. Speaking is the key skill to practice with this textbook.

The book is comprised of 55 different dialogues on various topics such as: at the restaurant, at the airport, at the doctor's office, at the bar, etc. It is a perfect study tool for both tourists just visiting the Czech Republic and foreigners who live there and want to use the language in everyday situations: in the shop, at the train station or just talking to their Czech friends.

Czech in 55 Easy Dialogues contains 55 dialogues listed from level A1 (Beginner) to B2 (Upper-intermediate). Since the textbook covers a wide range of topics, it includes both formal and informal expressions.

Each topic starts with a list of key words and their English translations, which is followed by a dialogue in Czech, and its English translation, and finally, a short exercise for practicing new words.

The answer key to the exercises and a Czech-English vocabulary list may be found at the end of the textbook.

Czech in 55 Easy Dialogues is a study material for everyone who wants to successfully communicate in Czech.

1. Telefon

Key words: čau (hi), díky (thanks), esemeska (n., F, text message), jo (inf., yeah), není zač (you are welcome), posílat (to send), telefonní číslo (n., N, phone number), vědět (to know)

Robert posílá Davidovi esemesku.

Robert:	Čau Davide, nevíš, jaké má Jana telefonní číslo?
David:	Jo, vím, 723 145 326.
Robert:	Díky.
David:	Není zač.

1. Telephone

Robert is sending David a text message.

Robert:	Hi David, do you know Jana's phone number?
David:	Yeah, I do, 723-145-326
Robert:	Thanks.
David:	You are welcome.

Úkol: Najděte tři slova ukrytá v následujícím řádku písmen. Task: Find three words hidden in the following line of letters.

STEZAUEČÍSLOBATEGJDSTELEFONTHRISJDÍKYOPSTHE

2. Zmrzlina

Key words: dát si (here: to have sth to eat), horko (adv., hot), jahodová (adj., strawberry), kopeček (n., M., scoop), koruna (n., F, crown), mít chuť na (here: to feel like having), čokoládová poleva (n., F, chocolate sauce), prodavačka (n., F, female vendor), prosím (please), radši (rather), zmrzlina (n., F, ice-cream)

Je horko a Zdeněk má chuť na zmrzlinu.

Prodavačka:	Co si dáte?
Zdeněk:	Dobrý den, jahodovou, prosím.
Prodavačka:	Jeden kopeček?
Zdeněk:	Ano. Nebo radši dva.
Prodavačka:	S čokoládovou polevou?
Zdeněk:	Bez.
Prodavačka:	Padesát korun.
Zdeněk:	Díky.

2. Ice-cream

It's hot and Zdeněk feels like having some ice-cream.

Vendor:	What would you like?
Zdeněk:	Hello, strawberry, please.
Vendor:	One scoop?
Zdeněk:	Yes. Or, rather, two.
Vendor:	With chocolate sauce?
Zdeněk:	Without.
Vendor:	50 crowns.
Zdeněk:	Thanks.

Úkol: Přeložte. Task: Translate.

ice-cream, chocolate sauce, scoop, vendor, please

3. V řeznictví

Key words: deka (inf., n., M, decagram), klobása (n., F, sausage), kupovat (to buy), kuřecí (adj., chicken), na shledanou (goodbye), prso (n., N, breast), řeznictví (n., N, butcher shop), řezník (n., M, butcher), šunka (n., F, ham), večeře (n., F, dinner), všechno (all), vzít si (to take)

Alena kupuje něco na večeři.

Řezník:	Co to bude?
Alena:	Vezmu si deset deka šunky a dvě kuřecí prsa.
Řezník:	Je to všechno?
Alena:	Ještě čtyři klobásy. Díky.
Řezník:	Dvě stě třicet korun.
Alena:	Tady. Na shledanou.

3. At the Butcher Shop

Alena is buying something for dinner.

Butcher:	What will you have?
Alena:	I will take 10 dag of ham and 2 chicken breasts.
Butcher:	Is that all?
Alena:	And also 4 sausages. Thanks.
Butcher:	230 crowns.
Alena:	Here you are. Goodbye.

Úkol: Napište, co všechno Alena koupila. Task: Write down all the items that Alena bought.

4. Na poště

Key words: ČR = Česká republika (n., F, Czech Republic), obálka (n., F, envelope), pošta (n., F, post office), úředník (n., M, clerk), zahraničí (n., N, abroad), zákaznice (n., F, female customer), známka (n., F, stamp)

Paní Horká je na poště.

Úředník:	Dobrý den.
Zákaznice:	Dobrý den, chtěla bych jednu známku a obálku.
Úředník:	Známku do ČR, nebo do zahraničí?
Zákaznice:	Do USA.
Úředník:	Ještě něco?
Zákaznice:	Ne, to je všechno.
Úředník:	Třicet korun, prosím.
Zákaznice:	Děkuji. Na shledanou.
Úředník:	Na shledanou.

4. At the Post Office

Mrs. Horká is at the post office.

Clerk:	Hello.
Customer:	Hello. I would like a stamp and an envelope.
Clerk:	A stamp for the Czech Republic or abroad?
Customer:	For the USA.
Clerk:	Anything else?
Customer:	No, thanks.
Clerk:	30 crowns, please.
Customer:	Thank you. Goodbye.
Clerk:	Goodbye.

Úkol: Dejte věty do správného pořadí a vytvořte dialog. Task: Put the sentences in the correct order to make a dialogue.

Ne, díky. / Jednu obálku, prosím. / Dobrý den. / 2 koruny. / Díky, na shledanou. / Ještě něco? / Dobrý den. / Na shledanou.

5. V kině

Key words: doprostřed (adv., in the middle), jistě (adv., sure), jít (to go), karta (n., F, here: credit card), lístek (n., M, ticket), moci (to be able to), nahoru (adv., up), nový (adj., new), platit (to pay), tady (adv., here), vítat (to welcome), zákazník (n., M, male customer)

Tomáš jde do kina na nový film.

Prodavač:	Dobrý večer, vítejte v City Cinema.
Zákazník:	Dobrý večer, dva lístky na Hvězdné války, prosím.
Prodavač:	Na 17:30?
Zákazník:	Ano.
Prodavač:	Nahoru, nebo doprostřed?
Zákazník:	Nahoru.
Prodavač:	Třeba tady?
Zákazník:	Ano.
Prodavač:	Čtyři sta padesát korun, prosím.
Zákazník:	Můžu platit kartou?
Prodavač:	Jistě.

5. At the Cinema

Tomáš is going to the cinema to see a new movie.

Cashier:	Good evening, welcome to City Cinema.
Customer:	Good evening, two tickets for Star Wars, please.
Cashier:	For 5:30?
Customer:	Yes.
Cashier:	Upper section or middle section?
Customer:	Upper.
Cashier:	About here?
Customer:	Yes.
Cashier:	450 crowns, please.
Customer:	Can I pay by card?
Cashier:	Of course.

Úkol: Napište podobný dialog pomocí daných slov. Task: Write a similar dialogue using the words provided.

Jurský park, 220 korun, 1 lístek, doprostřed

6. Rezervace stolu v restauraci

Key words: hodina (n., F, hour), kuřák (n., M, smoker), osoba (n., F, person), restaurace (n., F, restaurant), rezervace (n., F, reservation), rezervovat (to reserve), stůl (n., M, table), telefonovat (to call), těšit se (to look forward to)

Paní Krammer telefonuje do restaurace.

Servírka:	Dobrý den, restaurace U Sudu.
Paní Krammer:	Dobrý den, tady Kate Krammer. Chtěla bych si rezervovat stůl.
Servírka:	Na který den?
Paní Krammer:	Na zítra večer. Třeba na sedm hodin.
Servírka:	Ano, pro kolik osob?
Paní Krammer:	Pro šest osob.
Servírka:	Kuřáci, nebo nekuřáci?
Paní Krammer:	Nekuřáci.
Servírka:	Výborně. Budeme se těšit.
Paní Krammer:	Na shledanou.

6. Reserving a Table at a Restaurant

Mrs. Krammer is calling a restaurant.

Waitress:	Hello, U Sudu Restaurant.
Mrs. Krammer:	Hello, this is Kate Krammer. I would like to make a reservation.
Waitress:	For what day?
Mrs. Krammer:	Tomorrow evening. About seven p.m.
Waitress:	Ok and for how many people?
Mrs. Krammer:	For six people.
Waitress:	Smokers or non-smokers?
Mrs. Krammer:	Non-smokers.
Waitress:	Great. We look forward to seeing you.
Mrs. Krammer:	Goodbye.

Úkol: Napište podobný dialog pomocí daných slov. Task: Write a similar dialogue using the words provided.

rezervace pro sedm osob, kuřáci, na čtvrtek na osm hodin

7. Objednávka v restauraci

Key words: černé (adj., black, here: dark), hranolek (n., M, fry), minerálka (inf., n., F, mineral water), oběd (n., M, lunch), objednávka (n., F, order), pití (n., N, drink), pivo (n., N, beer), salát (n., M, salad), servírka (n., F, waitress), smažený (adj., fried), sýr (n., M, cheese), vybrat si (to choose), zeleninový (adj., vegetable)

Zuzana a Petra jdou na oběd.

Servírka:	Dobrý den, máte vybráno?
Zuzana:	Dobrý den, já si dám steak a zeleninový salát.
Petra:	Pro mě smažený sýr a hranolky.
Servírka:	A k pití?
Zuzana:	Minerálku, prosím.
Petra:	Pro mě černé pivo.
Servírka:	Ještě něco?
Zuzana:	Ne, díky.

7. Ordering at a Restaurant

Zuzana and Petra are going to have lunch.

Waitress:	Hello, are you ready to order?
Zuzana:	Hello, I will have a steak and vegetable salad.
Petra:	Fried cheese and fries for me.
Waitress:	And to drink?
Zuzana:	Mineral water, please.
Petra:	Dark beer for me.
Waitress:	Anything else?
Zuzana:	No, thank you.

Úkol: Napište podobný dialog pomocí daných slov. Task: Write a similar dialogue using the words provided.

salát Cézar, hamburger, červené víno a vodu

8. V hotelu – problém s Wi-Fi

Key words: fungovat (to work), heslo (n., N, password), host (n., M, guest), hotel (n., M, hotel), naše (our), okolí (n., N, vicinity), pokoj (n., M, room), pomoci (to help), problém (n., M, problem), recepce (n., F, reception), recepční (n., M/F, receptionist), správně (adv., correctly)

Host má problém s internetem.

Host:	Promiňte, můžete mi pomoci?
Recepční:	Ano, jistě.
Host:	Na pokoji mi nefunguje Wi-Fi.
Recepční:	Ano. Wi-Fi je jen v restauraci a v okolí recepce.
Host:	Aha, díky. Je to heslo správně?
Recepční:	Ano, to je naše heslo.

8. In a Hotel – Problem with the Wi-Fi

A guest has a problem with the Internet.

Guest:	Excuse me, can you help me?
Receptionist:	Yes, certainly.
Guest:	The Wi-Fi in my room is not working.
Receptionist:	Yes. The Wi-Fi is only in the restaurant and in the vicinity of the reception.
Guest:	Aha, thanks. Is this the right password?
Receptionist:	Yes, that is our password.

Úkol: Dejte písmena do správného pořadí a tvořte slova. Task: Unscramble the following words.

JPOKO, LÍOKO, CESTAURARE, REPCECE, LOHES

9. V hotelu – ubytování

Key words: děkuji (thank you), chtít (to want), jednolůžkový pokoj (n., M, single room), klíč (n., M, key), noc (n., F, night), opustit pokoj (lit. to leave the room, here: check-out), patro (n., N, floor), přijet (to arrive), snídaně (n., F, breakfast), třetí (third), ubytování (n., N, here: check-in), ubytovat se (to check-in), večer (n., M, evening), vpravo (adv., on the right), výtah (n., M, elevator)

Pan Butler právě přijel do Prahy a chce se ubytovat v hotelu.

Recepční:	Dobrý den, jak vám můžu pomoci?
Pan Butler:	Dobrý den, mám rezervaci na jméno Butler.
Recepční:	Moment, prosím. Ano, jednolůžkový pokoj na tři noci.
Pan Butler:	Ano.
Recepční:	Tady je váš klíč. Pokoj je ve třetím patře.
Pan Butler:	V kolik hodin je snídaně?
Recepční:	Snídaně je od 7:30 do 10:30 v restauraci.
Pan Butler:	Do kolika hodin musím opustit pokoj?
Recepční:	Do 12 hodin.
Pan Butler:	Díky. Kde je výtah?
Recepční:	Výtah je tady vpravo. Hezký večer.
Pan Butler:	Děkuji, vám taky.

9. In a Hotel – Check-in

Mr. Butler just arrived in Prague and wants to check-in to his hotel.

Receptionist:	Hello, how can I help you?
Mr. Butler:	Hello, I have a reservation, my name is Butler.
Receptionist:	One moment, please. Yes, single bedroom for 3 nights.
Mr. Butler:	Yes.
Receptionist:	Here is your key. Your room is on the third floor.
Mr. Butler:	What time is breakfast?
Receptionist:	Breakfast is served from 7.30 a.m. till 10.30 a.m. in the restaurant.
Mr. Butler:	When do I have to check-out?

Receptionist: By 12 p.m.
Mr. Butler: Thank you, where is the elevator?
Receptionist: The elevator is to the right. Have a nice evening.
Mr. Butler: Thank you, you too.

Úkol: Spojte otázky se správnými odpověďmi. Task: Match the questions with the correct answers.

V kolik hodin je snídaně?	Výtah je vpravo.
Kde je pokoj?	Do 12 hodin.
Je tu výtah?	Pokoj 315 je ve 3. patře.
Do kolika hodin se musím odhlásit?	Snídaně je od 7:30 do 10:30.

10. Jak se dostanu na letiště?

Key words: autobus (n., M, bus), dostat se (to get somewhere), letiště (n., N, airport), metro (n., N, underground), minuta (n., F, minute), nejrychleji (adv., the fastest), ptát se (to ask), ráno (n., N, morning), taxi (n., N, taxi), zavolat (to call)

Pan Butler neví, jak se dostat na letiště, a proto se ptá recepční.

Pan Butler:	Promiňte, jak se nejrychleji dostanu na letiště?
Recepční:	Můžete jet metrem a pak autobusem nebo vám můžu zavolat taxi.
Pan Butler:	Jak dlouho to trvá metrem a autobusem?
Recepční:	Asi čtyřicet pět minut.
Pan Butler:	A taxíkem?
Recepční:	Dvacet pět minut.
Pan Butler:	Dobře, můžete mi, prosím, zavolat taxi na zítra na sedm hodin ráno?
Recepční:	Určitě.

10. How Can I Get to the Airport?

Mr. Butler doesn't know how to get to the airport, so he asks the receptionist.

Mr. Butler:	Excuse me, what is the quickest way to get to the airport?
Receptionist:	You can go by the underground and then by bus or I can call a taxi for you.
Mr. Butler:	How long does it take by the underground and bus?
Receptionist:	About 45 minutes.
Mr. Butler:	And by taxi?
Receptionist:	25 minutes.
Mr. Butler:	Ok, can you please call me a taxi for tomorrow at 7 a.m.?
Receptionist:	Certainly.

Úkol: Dejte slova do správného pořadí a tvořte věty. Task: Put the words in the correct order to make sentences.

taxi – můžete – zavolat – mi?
metrem – trvá – dlouho – jak – to?
se dostanu – na letiště – jak?

11. Rodina

Key words: bratr (n., M, brother), bydlet (to live), fotka (n., F, inf., photo), jedináček (n., M, an only child), kluk (n., M, boy), koukat na (to look at, to watch), myslet (to think), profilová (adj., profile), přítel (n., M, boyfriend), sestra (n., F, sister), sestřenice (n., F, female cousin)

Sam a Zuzana se koukají na fotky na internetu.

Sam:	Kdo je ten kluk na tvojí profilové fotce?
Zuzana:	Kdo myslíš?
Sam:	Tvůj přítel?
Zuzana:	Ne, to je můj bratr. Máš bratra nebo sestru?
Sam:	Ne, jsem jedináček, ale mám čtyři sestřenice.
Zuzana:	Bydlí všechny v Miami?
Sam:	Ne, jedna bydlí v Texasu.

11. Family

Sam and Zuzana are looking at pictures on the Internet.

Sam:	Who is the boy in your profile picture?
Zuzana:	Who do you think he is?
Sam:	Your boyfriend?
Zuzana:	No, it's my brother. Do you have a brother or a sister?
Sam:	No, I'm an only child, but I have 4 cousins.
Zuzana:	Do they all live in Miami?
Sam:	No, one lives in Texas.

Úkol: Najděte pět slov ukrytých v následujícím řádku písmen.
Task: Find five words hidden in the following line of letters.

HDKOASESTRANAUEHSESTŘENICENBRATRKTIPŘÍTELOP
PJEDINÁČEK

12. Taxi

Key words: dispečer (n., M, male dispatcher), hlavní nádraží (n., N, main station), potřebovat (to need), potvrzovat (to confirm), zákazník (n., M, male customer)

Zákazník volá taxi.

Dispečer:	Dobrý den, Taxislužba Olomouc. Jak vám můžu pomoci?
Zákazník:	Dobrý den, potřebuju taxi z hlavního nádraží do hotelu Fénix na 17 hodin.
Dispečer:	Dnes v 17:00?
Zákazník:	Ano.
Dispečer:	Pro kolik osob?
Zákazník:	Jen pro mě.
Dispečer:	Potvrzuji taxi z hlavního nádraží do hotelu Fénix dnes v 17:00.
Zákazník:	Díky.
Dispečer:	Hezký den!

12. Taxi

A customer is calling a taxi.

Dispatcher:	Hello, Taxi Olomouc. How can I help you?
Customer:	Hello, I need a taxi from the main station to Hotel Fenix at 5 p.m.
Dispatcher:	Today at 5 p.m.?
Customer:	Yes.
Dispatcher:	For how many people?
Customer:	Just me.
Dispatcher:	I confirm a taxi from the main station to Hotel Fenix today at 5 p.m.
Customer:	Thanks.
Dispatcher:	Have a nice day!

Úkol: Jsou následující výroky pravdivé, nebo nepravdivé? Task: Are the following statements true or false?

Zákazník potřebuje taxi na šest hodin večer.
Taxi je jen pro 1 osobu.
Zákazník potřebuje jet z hotelu Fénix.
Zákazník potřebuje taxi na zítra.

13. Na nádraží

Key words: cestující (n., M/F, passenger), jet (to go by vehicle), muset (to have to), nástupiště (n., N, platform), sleva (n., F, discount), tabule (n., F, board), vlak (n., M, train), zpáteční (adj., return)

Cestující si kupuje jízdenku na vlak.

Cestující:	Dobrý den, Brno zpáteční.
Pokladní:	Dobrý den, máte nějakou slevu?
Cestující:	Ne, nemám.
Pokladní:	Tři sta dvacet korun, prosím.
Cestující:	Nevíte, z kterého nástupiště to jede?
Pokladní:	To ještě nevím. Vlak jede až ve 12:30. Musíte se podívat na tabuli.
Cestující:	Děkuji.
Pokladní:	Prosím.

13. At the Train Station

A passenger is buying a train ticket.

Passenger:	Hello, return ticket to Brno.
Cashier:	Hello, do you have any discount cards?
Passenger:	No, I do not.
Cashier:	320 crowns, please.
Passenger:	Do you know which platform the train leaves from?
Cashier:	I don't know it yet. The train doesn't leave until 12.30. You have to look at the board.
Passenger:	Thank you.
Cashier:	You're welcome.

***Úkol: Dejte věty do správného pořadí a vytvořte dialog. Task: Put
the sentences in the correct order to make a dialogue.***

Dobrý den. / Praha, prosím. / Nevíte, ze kterého nástupiště to jede? /
Dobrý den. / Ne, nemám. / Ano, zpáteční. / To ještě nevím, musíte se
podívat na tabuli. / Zpáteční? / Máte nějakou slevu? / Dvě stě dvacet
korun. / Děkuji.

14. Na celnici

Key words: celnice (n., F, customs), cestovat (to travel), cestující (n., M/F, passenger), dlouho (adv., long), důvod (n., M, reason), pas (n., M, passport), pobyt (n., M, stay), proclít (to declare), příjemný (adj., pleasant), přistání (n., N, landing), služební cesta (n., F, business trip), v pořádku (adv., alright)

Po přistání na letišti v Praze musí cestující projít celnicí.

Celník:	Dobrý den, váš pas, prosím.
Cestující:	Tady.
Celník:	Z jakého důvodu cestujete do České republiky?
Cestující:	Služební cesta.
Celník:	Jak dlouho se v ČR budete?
Cestující:	Čtyři dny.
Celník:	Máte něco k proclení?
Cestující:	Ne, nemám.
Celník:	V pořádku, příjemný pobyt.
Cestující:	Děkuji.

14. At Customs

After landing in Prague passengers must go through customs.

Custom officer:	Hello, your passport, please.
Passenger:	Here you are.
Custom officer:	What is your reason for travelling to the Czech Republic?
Passenger:	Business trip.
Custom officer:	How long are you staying in the Czech Republic?
Passenger:	Four days.
Custom officer:	Do you have anything to declare?
Passenger:	No, I do not.
Custom officer:	Alright; have a pleasant stay.
Passenger:	Thank you.

Úkol: Napište podobný dialog pomocí daných slov. Task: Write a similar dialogue using the words provided.

dovolená, tři dny, nic k proclení

15. Letiště – odbavení

Key words: bohužel (unfortunately), kilogram (n., M, kilogram), let (n., M, flight), nadváha (n., F, overweight), odbavit se (to check in at the airport), palubní lístek (n., M, boarding pass), položit (to put), poplatek (n., M, fee), příruční (adj., carry-on), vážit (to weigh), vytisknout (to print), zavazadlo k odbavení (n., N, checked bag)

Po příjezdu na letiště se jde cestující odbavit.

Zaměstnanec:	Dobrý den, váš pas, prosím.
Cestující:	Dobrý den, ano, tady.
Zaměstnanec:	Cestujete do Frankfurtu a z Frankfurtu do New Yorku?
Cestující:	Ano.
Zaměstnanec:	Kolik máte zavazadel?
Cestující:	Jedno příruční a jedno k odbavení.
Zaměstnanec:	Položte je, prosím, na váhu. Vaše zavazadlo k odbavení má nadváhu dva kilogramy.
Cestující:	To není možné. Doma jsem ho vážil.
Zaměstnanec:	Bohužel, je to tak. Poplatek za nadváhu je sedm set korun za kilogram.
Cestující:	Dobře, tady je moje kreditní karta.
Zaměstnanec:	Děkuji. Vytisknu vám váš palubní lístek. Brána 3C. Přeji hezký let.
Cestující:	Děkuji.

15. Airport – Check-in

After arriving at the airport the passenger goes to check-in.

Staff:	Hello, your passport, please.
Passenger:	Hello, yes, here you are.
Staff:	You are travelling to Frankfurt and from Frankfurt to NYC?
Passenger:	Yes.
Staff:	How much luggage do you have?
Passenger:	One carry-on and one checked bag.

Staff:	Place them on the scale, please. Unfortunately, your checked bag is 2 kg overweight.
Passenger:	That is not possible, I weighed it at home.
Staff:	Unfortunately, it is. The overweight fee is 700 crowns per kg.
Passenger:	OK, here is my credit card.
Staff:	Thank you. I will just print your boarding pass. Gate 3C. Have a nice flight.
Passenger:	Thank you.

Úkol: Dejte slova do správného pořadí a tvořte věty. Task: Put the words in the correct order to make sentences.

do – cestujete – Frankfurtu?
máte – zavazadel – kolik?
palubní – vytisknu – vám – lístek.
má – vaše – nadváhu – zavazadlo.
není – možné – to.

16. V lékárně

Key words: bolest v krku (n., F, sore throat), bylinkový (adj., herbal), citronový (adj., lemon), čaj (n., M, tea), chřipka (n., F, flu), chřipková (adj., flu), lékárna (n., F, pharmacy), plná (adj., full), sezóna (n., F, season), sirup (n., M, syrup), sprej (n., M, spray), teplota (n., F, temperature), zázvorový (adj., ginger)

Je chřipková sezóna a lékárna je plná lidí.

Lékárnice:	Co pro vás můžu udělat?
Zákaznice:	Dobrý den, není mi dobře. Mám asi chřipku.
Lékárnice:	Máte teplotu?
Zákaznice:	Ano. Potřebuju něco na bolest v krku.
Lékárnice:	Máme sprej nebo sirup.
Zákaznice:	Sprej, prosím.
Lékárnice:	Dám vám Paralen na teplotu a sprej na bolest v krku. Ještě něco?
Zákaznice:	Máte nějaký čaj?
Lékárnice:	Ano, máme bylinkový, citronový, zázvorový…
Zákaznice:	Dobře, tak ten zázvorový. Kolik platím?
Lékárnice:	Tři sta dvacet korun, prosím.
Zákaznice:	Můžu platit kartou?
Lékárnice:	Ano, určitě.
Zákaznice:	Díky, na shledanou.
Lékárnice:	Děkuji, hezký den.

16. At the Pharmacy

It's flu season and the pharmacy is full of people.

Pharmacist:	What can I do for you?
Customer:	Hello, I don't feel well. I might have the flu.
Pharmacist:	Do you have a temperature?
Customer:	Yes. I need something for a sore throat.
Pharmacist:	We have a spray or a syrup.
Customer:	Spray, please.

Pharmacist:	I will give you Paracetamol for your temperature and spray for sore throat. Anything else?
Customer:	Do you have tea?
Pharmacist:	Yes, we have herbal, lemon, ginger…
Customer:	OK, ginger. How much is it?
Pharmacist:	320 crowns, please.
Customer:	Can I pay by card?
Pharmacist:	Yes, of course.
Customer:	Thanks, goodbye.
Pharmacist:	Thank you. Have a nice day.

Úkol: Jsou následující výroky pravdivé, nebo nepravdivé? Task: Are the following statements true or false?

Zákaznice:
1) má chřipku.
2) nemá teplotu.
3) chce citronový čaj.
4) platí kartou.

17. U doktora

Key words: brát (to take), diagnóza (n., F, diagnosis), doktor (n., M, male doctor), ekzém (n., M, eczema), kontrola (n., F, a follow up), mast (n., F, ointment), někde jinde (adv., somewhere else), nepříjemný (adj., unpleasant), noha (n., F, leg), odložit si (to take off one's clothes), podívat se na něco (to have a look at sth), postižené místo (n., N, affected area), potíž (n., F, problem), ruka (n., F, hand), svědit (to itch), tableta (n., F, pill), týden (n., M, week), vyrážka (n., F, rash), vyšetřovat (to examine)

Pan Novák má nepříjemnou vyrážku.

Doktor:	Dobrý den, jaké máte potíže?
Pan Novák:	Dobrý den, mám vyrážku. Hodně to svědí.
Doktor:	Jenom na rukou, nebo i někde jinde?
Pan Novák:	Na rukou i na nohou.
Doktor:	Odložte si, prosím. Podívám se na to. Jak dlouho tu vyrážku máte?
Pan Novák:	Asi dva týdny.

Doktor vyšetřuje pacienta. Po chvíli stanoví diagnózu.

Doktor:	Máte ekzém. Musíte postižená místa mazat dvakrát denně touto mastí. Proti svědění berte tuto tabletu jednou denně.
Pan Novák:	Děkuji.
Doktor:	Za dva týdny přijďte na kontrolu.
Pan Novák:	Ano, na shledanou.

17. At the Doctor's Office

Mr. Novák has an unpleasant rash.

Doctor:	Hello, what seems to be the problem?
Mr. Novák:	Hello, I have a rash. It is very itchy.
Doctor:	Only on your hands or also somewhere else?
Mr. Novák:	On my hands and also on my legs.

Doctor:	Please take off your clothes. I will have a look. How long have you had the rash?
Mr. Novák:	For about 2 weeks.

The doctor is examining the patient. After a while he diagnoses it.

Doctor:	You have an eczema. You have to rub the affected areas twice daily with this ointment. Take this pill once daily to minimize the itching.
Mr. Novák:	Thank you.
Doctor:	Come back in two weeks for a follow up.
Mr. Novák:	Yes, goodbye.

Úkol: Opravte faktickou chybu v každém výroku. Task: Correct a factual mistake in each statement.

Pan Novák nemá ekzém.
Pan Novák má ekzém jen na nohou.
Pan Novák musí postižená místa mazat jednou denně.
Doktor nemá nic proti svědění.
Pan Novák má přijít za dva měsíce na kontrolu.

18. V kavárně

Key words: čokoládový (adj., chocolate), dobrou chuť (bon apetit), dohromady (adv., together), domácí (adj., homemade), dort (n., M, cake), káva (n., F, coffee), kavárna (n., F, café), levandulová (adj., lavender), limonáda (n., F, soft drink), malinový (adj., raspberry), mrkvový (adj., carrot), oblíbený (adj., favorite), okno (n., N, window), okurková (adj., cucumber), práce (n., F, work), vídeňská (adj., Viennese), vidlička (n., F, fork), volný (adj., free), vzadu (adv., at the back), zapomenout (to forget), zvlášť (adv., separately)

David a Marcela jdou po práci do své oblíbené kavárny.

David:	Dobrý den, máte ještě dvě místa?
Servírka:	Ano, tam vzadu u okna je volný stůl.
David:	Díky.

Za 10 minut…

Servírka:	Máte vybráno?
David:	Já si dám caffè latte a čokoládový dort.
Marcela:	Já si dám vídeňskou kávu a mrkvový dort.
Servírka:	Dobře, je to všechno?
David:	Jakou máte tu domácí limonádu?
Servírka:	Dnes máme okurkovou, levandulovou a malinovou.
Marcela:	Já si dám tu malinovou.
David:	A pro mě okurkovou, prosím.
Servírka:	Hned to bude.

Za chvíli servírka nese objednávku.

Servírka:	Takže tady jsou ty dvě kávy, dorty a limonády. Dobrou chuť!
Marcela:	Promiňte, já nemám vidličku.
Servírka:	Omlouvám se, hned ji donesu.

Servírka se vrací se zapomenutou vidličkou.

Servírka:	Tady je ta vidlička, promiňte.
Marcela:	To nic.

Za hodinu volá Marcela na servírku.

Marcela:	Zaplatíme, prosím.
Servírka:	Zvlášť, nebo dohromady?
Marcela:	Dohromady.
Servírka:	Celkem je to tři sta dvacet korun.
Marcela:	Tři sta padesát.
Servírka:	Děkuji. Hezký den.
David:	Vám taky.

18. At the Café

David and Marcela are going to their favorite café after work.

David:	Hello, do you have a table for two?
Waitress:	Yes, there is a free table at the back by the window.
David:	Thanks.

10 minutes later…

Waitress:	Are you ready to order?
David:	I will have a caffè latte and a piece of chocolate cake.
Marcela:	I will have a Viennese coffee and a piece of carrot cake.
Waitress:	OK, is that all?
David:	What kind of homemade soft drink do you have?
Waitress:	Today we have cucumber, lavender and raspberry.
Marcela:	I will have the raspberry one.
David:	Cucumber for me, please.
Waitress:	I'll be right back.

In a short moment the waitress brings the order.

Waitress:	Alright, here are the two cups of coffee, two pieces of cake and two soft drinks. Enjoy your meal!

| Marcela: | Excuse me, I don't have a fork. |
| Waitress: | I'm sorry; I'll bring it in a second. |

The waitress returns with the forgotten fork.

| Waitress: | Here is your fork, I'm sorry. |
| Marcela: | That's ok. |

An hour later, Marcela is calling the waitress.

Marcela:	Can I get the check, please?
Waitress:	Together or separate?
Marcela:	Together.
Waitress:	It's 320 in total.
Marcela:	350.
Waitress:	Thank you. Have a nice day.
David:	Same to you.

Úkol: Odpovězte na otázky. Task: Answer the questions.

Kde je volný stůl? Jaké mají v kavárně limonády? Jaké dorty si dají? Co servírka zapomněla? Kolik to stoji?

19. Telefonujeme do zubní ordinace

Key words: bolet (to hurt), hodit se (to suit), jméno (n., N, name), objednat se (to schedule an appointment), ordinovat (to be in the office – only for doctors), pacient (n., M, male patient), turista (n., M, male tourist), zdravotní sestra (n., F, nurse), zub (n., M, tooth), zubní ordinace (n., F, dentist's office)

Michaela bolí zub, proto volá do zubní ordinace.

Zdravotní sestra:	Dobrý den, ordinace doktorky Krátké.
Pacient:	Dobrý den, mohl bych se objednat? Bolí mě zub.
Zdravotní sestra:	Ano, jistě. Jste náš pacient?
Pacient:	Ne, já jsem turista.
Zdravotní sestra:	Aha, hodí se vám středa v 9.00?
Pacient:	Dnes by to nešlo?
Zdravotní sestra:	Bohužel, dnes ordinujeme jen do 12.
Pacient:	Dobře, tak středa v 9.00.
Zdravotní sestra:	Jaké je vaše jméno?
Pacient:	Michael Weber.
Zdravotní sestra:	Děkuji. Na shledanou.
Pacient:	Na shledanou.

19. Calling the Dentist's Office

Michael has a toothache, so he's calling the dentist's office.

Nurse:	Hello, Dr. Krátká's office.
Patient:	Hello, could I schedule an appointment? I have a toothache.
Nurse:	Yes, certainly. Are you our patient?
Patient:	No, I'm a tourist.
Nurse:	Aha, will Wednesday at 9 a.m. suit you?
Patient:	Would today be possible?
Nurse:	Unfortunately, today we are open only until 12.
Patient:	Ok, then Wednesday at 9 a.m.
Nurse:	What's your name?

Patient:	Michael Weber.
Nurse:	Thank you. Goodbye.
Patient:	Goodbye.

Úkol: Spojte české fráze s anglickými překlady. Task: Match the Czech phrases with their English translations.

Chtěl bych se objednat.	I'd like to schedule an appointment.
Dnes neordinujeme.	We are closed today.
Nešlo by to ve středu?	Yes, I'm your patient.
Ano, já jsem váš pacient.	Would Wednesday be possible?

20. V baru

Key words: Američan (n., M, male American), bar (n., M, bar), Češka (n., F, female Czech), dělat (to do), ekonomie (n., F, economy), firma (n., F, company), chybět (to miss), oslovit (to speak to/to address), pracovat (to work), představit si (to imagine), původně (adv., originally), rozhodnout se (to decide), slečna (n., F, Miss), stáž (n., F, internship), studovat (to study), tancovat (to dance), umět (can, to have an ability to do sth)

Chris sedí v baru vedle hezké slečny. Rozhodne se ji oslovit.

Chris:	Ahoj, já jsem Chris.
Katka:	Čau, Katka.
Chris:	Ty jsi Češka?
Katka:	Jo a ty? Odkud jsi?
Chris:	Já jsem Američan. Jsem z Kalifornie.
Katka:	A co děláš v Praze?
Chris:	Studuju a pracuju. A ty?
Katka:	Já jsem původně z Brna, ale teď pracuju tady v Praze jako asistentka. Kde pracuješ ty?
Chris:	Jsem na stáži ve firmě LGH, protože studuju ekonomii.
Katka:	Chybí ti Kalifornie?
Chris:	Docela jo, hlavně oceán a teplo.
Katka:	To si umím představit.
Chris:	Nechceš jít tancovat?
Katka:	OK.

20. At the Bar

Chris is sitting at the bar next to a good-looking girl. He decides to speak to her.

Chris:	Hi, I'm Chris.
Katka:	Hi, Katka.
Chris:	Are you Czech?

Katka:	Yup; and you? Where are you from?
Chris:	I'm American. I'm from California.
Katka:	And what do you do in Prague?
Chris:	I'm studying and working as well.
Katka:	I'm originally from Brno, but now I'm working in Prague as an assistant. Where do you work?
Chris:	I have an internship at LGH because I study economics.
Katka:	Do you miss California?
Chris:	I do quite a bit; the ocean and warm weather in particular.
Katka:	I can imagine.
Chris:	Would you like to dance?
Katka:	OK.

Úkol: Přeložte. Task: Translate.

I'm Czech. I'm American. Where are you from? What do you do in Prague? Do you work or study? Would you like to dance?

21. Ptáme se na cestu

Key words: auto (n., N, car), banka (n., F, bank), cesta (n., F, way), červené (adj., red), drogerie (n., F, drug store), hledat (to look for), křižovatka (n., F, crossroads), najít (to find), rovně (straight ahead), směnárna (n., F, currency exchange), turistka (n., F, female tourist), ulice (n., F, street), vidět (to see)

Turistka nemůže najít směnárnu, a tak osloví paní na ulici.

Turistka:	Promiňte, nevíte, kde je směnárna?
Paní:	Ano, musíte jít rovně a na křižovatce doprava. Směnárna je v bance, hned vedle kina.
Turistka:	Děkuji. A ještě hledám drogerii.
Paní:	Drogerie je tady za rohem. Vidíte, kam jede to červené auto?
Turistka:	Ano.
Paní:	Tak v té ulici to je.
Turistka:	Děkuji. Na shledanou.
Paní:	Není zač. Na shledanou.

21. Asking for Directions

A tourist can't find a currency exchange, so she addresses a lady in the street.

Tourist:	Excuse me, do you know where the currency exchange is?
Lady:	Yes, go straight ahead and at the crossroads turn right. The exchange is in the bank. Right next to the cinema.
Tourist:	Thank you. I'm also looking for a drug store.
Lady:	A drug store is around the corner. Can you see where that red car is going?
Tourist:	Yes.
Lady:	It's on that street.
Tourist:	Thanks. Goodbye.
Lady:	You are welcome, goodbye.

Úkol: Přeložte. Task: Translate.

Nevíte, kde je drogerie?
Vidíte to červené auto?
Není zač.
Promiňte, kde je směnárna?
Musíte jít rovně.

22. Na tramvajové zastávce

Key words: automat (n., M, here: ticket machine), dražší (adj., more expensive), drobné (n., always pl., change), jízdenka (n., F, ticket), koupit (to buy), opačná (adj., opposite), řidič (n., M, driver), stát (to cost), strana (n., F, side), trafika (n., F, tobacco shop), tramvaj (n., F, tram), tramvajová (adj., tram), zastávka (n., F, stop)

Turista neví, jak se dostat na Pražský hrad. Zeptá se raději paní na zastávce.

Turista:	Promiňte, nevíte, která tramvaj jede na Pražský hrad?
Paní:	Ano, vím. Číslo dvacet dva, ale musíte přejít na opačnou stranu ulice.
Turista:	Kolik je to zastávek, prosím?
Paní:	Myslím, že osm.
Turista:	Jízdenku si můžu koupit u řidiče?
Paní:	Ano, ale je to dražší. V automatu to stojí třicet dva korun.
Turista:	Aha, ale já nemám drobné.
Paní:	Támhle je trafika. Tam se dá taky koupit jízdenka.

22. At the Tram Stop

A tourist doesn't know how to get to the Prague castle. To be safe he asks a lady at the tram stop.

Tourist:	Excuse me, do you know which tram goes to the Prague castle?
Lady:	Yes, I do. Number 22, but you have to go to the opposite side of the street.
Tourist:	How many stops is it?
Lady:	Eight, I think.
Tourist:	Can I buy the ticket from the driver?
Lady:	Yes, but it is more expensive. In the ticket machine it costs 32 CZK.
Tourist:	Aha, but I do not have any change.

Lady: Over there is a tobacco shop; it is also possible to buy
               a ticket there.

Úkol: Přeložte. Task: Translate

Which tram goes to the Prague castle?
How many stops is it?
The ticket costs 32 crowns.
It is more expensive.
It is possible to buy a ticket there.

23. Kupujeme boty

Key words: dozadu (adv., to the back), elegantní (adj., elegant), líbit se (to like), lodičky (n., pl., heels – shoe type), podobný (adj., similar), podpatek (n., M, heel), přání (n., N, lit. wish), sedět (to fit), shánět (to look for), velikost (n., F, size), větší (adj., bigger), vysoký (adj., high), vyzkoušet (to try on), vzor (n., M, design)

Zákaznice shání elegantní boty.

Prodavačka:	Dobrý den, máte přání?
Zákaznice:	Dobrý den, sháním nějaké černé lodičky.
Prodavačka:	Třeba tyhle?
Zákaznice:	Ty mají moc vysoký podpatek.
Prodavačka:	A tyhle?
Zákaznice:	Ten vzor se mi moc nelíbí.
Prodavačka:	Tyto jsou opravdu elegantní.
Zákaznice:	Ano, ty jsou přesně to, co hledám. Kolik stojí?
Prodavačka:	Tři tisíce osm set korun.
Zákaznice:	Aha, ty jsou moc drahé. Ráda bych nějaké do dvou tisíc.
Prodavačka:	Máme ještě jedny podobné. Moment. Tyhle stojí tisíc pět set šedesát korun.
Zákaznice:	Ty jsou taky hezké. Můžu si je vyzkoušet?
Prodavačka:	Určitě. Jakou máte velikost?
Zákaznice:	Třicet osm.
Prodavačka:	Třicet osm tu nevidím. Podívám se dozadu.

Za 5 minut se prodavačka vrací i s botami.

Prodavačka:	Prosím.
Zákaznice:	Děkuji.
Prodavačka:	Jak vám sedí?
Zákaznice:	Jsou mi trochu malé. Mohla bych zkusit o číslo větší?
Prodavačka:	Určitě. Tady jsou třicet devět.
Zákaznice:	To je ono! Vezmu si je.

23. Shopping for Shoes

A customer is looking for some elegant shoes.

Shop assistant:	Hello, can I help you?
Customer:	Hello, I'm looking for some black heels.
Shop assistant:	What about these?
Customer:	The heel is too high.
Shop assistant:	And these?
Customer:	I don't like that design very much.
Shop assistant:	These are very elegant.
Customer:	Yes, that's exactly what I've been looking for. How much are they?
Shop assistant:	3800 crowns.
Customer:	Oh, that's too expensive. I'd like some under 2000.
Shop assistant:	We have similar ones. One moment. These are 1560 crowns.
Customer:	These are also nice. Can I try them on?
Shop assistant:	Certainly, what size are you?
Customer:	38.
Shop assistant:	I can't see 38. I'll have a look in the back.

In 5 minutes the shop assistant returns, bringing the shoes.

Shop assistant:	Here you are.
Customer:	Thanks.
Shop assistant:	Do they fit?
Customer:	They are a bit tight. Could I try a bigger size?
Shop assistant:	Sure. Here is a 39.
Customer:	That's it. I'll take them.

Úkol: Přeložte. Task: Translate.

I'm looking for some black shoes.
These heels are too high.
These are really elegant.
What size are you?

24. V jazykové škole

Key words: čeština (n., F, Czech language), hotový (adj., done), kurz (n., M, course), lekce (n., F, lesson), měsíc (n., M, month), nemít tušení (to have no idea), samostudium (n., N, self-study), škola (n., F, school), test (n., M, test), učebnice (n., F, textbook), úroveň (n., F, level), zájem (n., M, interest), zapsat se (to sign up)

Po měsících samostudia se Robin rozhodne zapsat se na jazykový kurz.

Robin:	Dobrý den, mám zájem o kurz češtiny.
Recepční:	Dobrý den, jaká je vaše úroveň?
Robin:	Nemám tušení, snad mírně pokročilý…
Recepční:	Dobře, můžete si udělat on-line test.
Robin:	Děkuji.

Za hodinu je Robin hotový s on-line testem.

Robin:	Už to mám.
Recepční:	Výborně, moment, prosím…jste na úrovni středně pokročilý. Máme celkem tři kurzy – pondělí v 9:00, úterý v 17:00 a čtvrtek v 19:00.
Robin:	Úterý v 17:00 je ideální. Kolik to stojí?
Recepční:	Patnáct lekcí stojí čtyři tisíce sedm set korun.
Robin:	OK.
Recepční:	V ceně kurzu je taky učebnice. První lekce je příští týden.
Robin:	Děkuji. Na shledanou.

24. At the Language School

After several months of self-study, Robin has decided to sign up for a language course.

Robin:	Hello, I'm interested in a Czech course.
Receptionist:	Hello, what level are you at?
Robin:	I have no idea, maybe pre-intermediate…

Receptionist: OK, you can do an on-line test.
Robin: Thank you.

After an hour, Robin finished the on-line test.

Robin: I'm done.
Receptionist: Excellent, one moment, please…your level is intermediate. We have three courses – Monday at 9 a.m., Tuesday at 5 p.m. and Thursday at 7 p.m.
Robin: Tuesday at 5 p.m. is ideal. How much is it?
Receptionist: Fifteen lessons cost 4700 CZK.
Robin: OK.
Receptionist: Your textbook is included. Your first lesson is next week.
Robin: Thank you, goodbye.

Úkol: Odpovězte na otázky. Task: Answer the questions.

O jaký kurz má Robin zájem?
Jaká je Robinova úroveň?
Kolik stojí kurz?
Kdy je první lekce?
Je učebnice v ceně kurzu?

25. Narozeninová party

Key words: babička (n., F, grandmother), dorazit (to arrive), narozeninová (adj., birthday), narozky (n., always pl., inf., birthday), organizovat (to organize), party (n., F, party), přijít (to come), skvěle (adv., great), upéct (to bake), znít (to sound)

Kristýna organizuje svou narozeninovou party.

Kristýna:	Ahoj, Carol, jak se máš?
Carol:	Ahoj, Kristýno. Dobře a ty?
Kristýna:	Taky. Co děláš v sobotu?
Carol:	Nic moc. Máš něco v plánu?
Kristýna:	Jo, mám narozky. Dělám doma malou party. Přijdeš?
Carol:	To zní skvěle. Určitě přijdu. V kolik mám dorazit?
Kristýna:	Mezi šestou a sedmou.
Carol:	Co mám přinést?
Kristýna:	Nic, budu dělat steaky a babička upeče dort.
Carol:	Mňam!
Kristýna:	Tak v sobotu!
Carol:	Už se těším!

25. Birthday Party

Kristýna is organizing her birthday party.

Kristýna:	Hi, Carol, how are you?
Carol:	Hi, Kristýna, well and you?
Kristýna:	Me too. What are you doing on Saturday?
Carol:	Not much. Do you have plans?
Kristýna:	Yup; it's my birthday. I'm throwing a small party at my place. Will you be able to come?
Carol:	That sounds great. I will for sure. What time should I get there?
Kristýna:	Between six and seven.
Carol:	What should I bring?
Kristýna:	Nothing, I'm going to make some steaks and my grandmother is baking a cake.

Carol:	Yummy!
Kristýna:	I'll see you on Saturday!
Carol:	I can't wait!

Úkol: Dejte slova do správného pořadí a tvořte věty. Task: Put the words in the correct order to make sentences.

v – máš – něco – už – plánu?

v – narozky – mám – sobotu.

dorazit – v – mám – kolik?

skvěle – zní – to.

dělám – party – malou – doma.

upeče – dort – babička.

26. Kupujeme dárek

Key words: dárek (n., M, gift), dostat (to get), hodinky (n., always pl., watch), hotově (adv., in cash), krabička (n., F, small box), náramek (n., M, bracelet), prstýnek (n., M, ring), přítelkyně (n., F, girlfriend), stříbro (n., N, silver), Vánoce (n., always pl., Christmas), zabalit (to wrap)

Zákazník shání dárek pro přítelkyni. Zatím neví co.

Prodavačka:	Můžu vám pomoci?
Zákazník:	Ano, potřebuju nějaký dárek pro přítelkyni.
Prodavačka:	Aha, co třeba hodinky?
Zákazník:	Hm, hodinky ne. Ty dostala na Vánoce.
Prodavačka:	Nebo prstýnek?
Zákazník:	Haha, na to máme ještě čas.
Prodavačka:	Haha, rozumím. A co nějaký náramek?
Zákazník:	Ano, mohl bych se podívat na tento?
Prodavačka:	Jistě. Je moc hezký.
Zákazník:	Kolik stojí?
Prodavačka:	Pět tisíc osm set padesát korun.
Zákazník:	Uf, to je moc drahé.
Prodavačka:	Moment, líbí se vám tento? Stojí dva tisíce korun.
Zákazník:	Ano, to je stříbro?
Prodavačka:	Ano, stříbro.
Zákazník:	Ten si vezmu.
Prodavačka:	Vyberte si prosím krabičku.
Zákazník:	Tahle modrá se mi líbí.
Prodavačka:	Hned vám to zabalím. Budete platit kartou, nebo hotově?
Zákazník:	Hotově.
Prodavačka:	Děkuji. Tady je váš účet. Hezký den.
Zákazník:	Vám taky.

26. Buying a Gift

The customer is looking for a gift for his girlfriend. He doesn't know what to get yet.

Shop Assistant:	Can I help you?
Customer:	Yes, I need a gift for my girlfriend.
Shop Assistant:	Oh, what about a watch?
Customer:	Hm, not a watch. She got one for Christmas.
Shop Assistant:	Or a ring?
Customer:	Haha, there is still time for that.
Shop Assistant:	Haha, I see. And what about a bracelet?
Customer:	Yes, could I have a look at this one?
Shop Assistant:	Of course. It is very nice.
Customer:	How much is it?
Shop Assistant:	5850 CZK.
Customer:	Whoa, that is too expensive.
Shop Assistant:	One moment... Do you like this one? It costs 2000 CZK.
Customer:	Yes, is it silver?
Shop Assistant:	Yes, it's silver.
Customer:	I'll take this one.
Shop Assistant:	Please pick a box.
Customer:	I like the blue one.
Shop Assistant:	I'll wrap it for you in a second. Will you pay by credit card or in cash?
Customer:	In cash.
Shop Assistant:	Thank you. Here is your receipt. Have a nice day.
Customer:	You too.

Úkol: Doplňte vhodná slova. Task: Fill in the blanks.

Potřebuju nějaký _____ pro přítelkyni.
Mohl bych _____ tento?
Budete platit _____, nebo hotově?
Ten je _____ hezký.
Líbí se _____ tento?

27. Odtažení auta

Key words: asi (adv., here: approximately), barva (n., F, color), nacházet se (to be located), odtáhnout (to tow), odtahová služba (n., F, towing service), odtažení (n., N, towing), počkat (to wait), servis (n., M, garage), SPZ (n., F, licence plate), startér (n., M, starter), volat (to call), vozidlo (n., N, vehicle), výborně (adv., excellent)

Pan Horký má problém s autem. Volá odtahovou službu.

Dispečer:	Odtahová služba Akos, jak vám můžu pomoci?
Pan Horký:	Dobrý den, tady Milan Horký. Potřeboval bych odtáhnout auto do servisu.
Dispečer:	Dobře, kde se vaše vozidlo nachází?
Pan Horký:	Vodární 37, Vyšov. Myslím, že to bude startér.
Dispečer:	Ještě prosím o vaši SPZ.
Pan Horký:	Ano, 5B5 3890. Je to černá Toyota Corolla. Počkám tady na vás.
Dispečer:	Výborně. Odtahové vozidlo přijede asi za 30 až 40 minut.
Pan Horký:	Děkuji.
Dispečer:	Nemáte zač. Hezký den!

27. Getting the Car Towed

Mr. Horký has a problem with his car. He's calling a towing service.

Dispatcher:	Akos Towing Service, how can I help you?
Mr. Horký:	Hello, this is Milan Horký, I need my car to be towed to the garage.
Dispatcher:	Alright; where is your vehicle located?
Mr. Horký:	Vodární 37, Vyšov. I think it's the starter.
Dispatcher:	Your license plate number, please.
Mr. Horký:	Yes, 5B5 3890, it's a black Toyota Corolla. I'll wait for you here.
Dispatcher:	Excellent. The tow truck will arrive in about 30 to 40 minutes.
Mr. Horký:	Thank you.

Dispatcher: You are welcome. Have a nice day.

Úkol: Odpovězte na otázky. Task: Answer the questions.

Proč volá pan Horký do firmy Akos?
Kde se vozidlo nachází?
Jakou má auto barvu?
Jakou má auto SPZ?
Kdy přijede odtahové vozidlo?

28. V květinářství

Key words: karafiát (n., M, carnation), květinářství (n., N, florist's), kytice (n., F, sg./pl., bouquet/bouquets), lilie (n., F, sg./pl., lily/lilies), listy (n., pl., greenery), přidat (to add), růže (n., F, sg./pl., rose/roses), slunečnice (n., F, sg./pl., sunflower/sunflowers), vypadat hezky (to look nice)

Zákazník potřebuje narozeninovou kytici.

Prodavačka:	Dobrý den, co si přejete?
Zákazník:	Dobrý den, potřebuju kytici lilií.
Prodavačka:	Lilie bohužel nemáme, ale můžu vám nabídnout růže nebo karafiáty.
Zákazník:	A co slunečnice?
Prodavačka:	Ty máme. Jak velkou kytici byste chtěl?
Zákazník:	Tak asi tři slunečnice.
Prodavačka:	Jen slunečnice, nebo přidáme ještě nějaké listy?
Zákazník:	Co myslíte vy? Hlavně ať to vypadá hezky.
Prodavačka:	Vyhovuje vám to takhle?
Zákazník:	To je moc krásné. Kolik platím?
Prodavačka:	Čtyři sta dvacet korun, prosím.

28. At the Florist's

The customer needs a birthday bouquet.

Shop assistant:	Hello, what can I do for you?
Customer:	Hello, I need a bouquet of lilies.
Shop assistant:	Unfortunately, we don't have lilies. But I can offer you roses or carnations.
Customer:	And what about sunflowers?
Shop assistant:	We have those. How big of a bouquet would you like?
Customer:	About 3 sunflowers.
Shop assistant:	Just sunflowers or should we add some greenery?

Customer:	What do you think? The important thing is that it looks nice.
Shop assistant:	Is this arrangement good for you?
Customer:	It's very beautiful. How much is it?
Shop assistant:	420 crowns.

Úkol: Dejte písmena do správného pořadí a vytvořte slova. Task: Unscramble these words.

NEČNICESLU, ELILI, ŽERŮ, KAFIÁTYRA, STYLI

29. Úschovna zavazadel

Key words: odložit si (here: to leave something somewhere), paušální poplatek (n., M, flat rate), půlnoc (n., F, midnight), úschovna zavazadel (n., F, baggage room), vyzvednout (to pick up), zavírat (to close)

Turistka si někde potřebuje odložit dvě velká zavazadla.

Zákaznice:	Dobrý den, kolik to stojí na tři hodiny?
Obsluha:	Dobrý den, platí se paušální poplatek osmdesát korun za den.
Zákaznice:	Aha...a když mám dvě zavazadla?
Obsluha:	To je za sto šedesát korun.
Zákaznice:	V kolik hodin zavíráte?
Obsluha:	Jsme tu každý den od pěti hodin ráno do půlnoci.
Zákaznice:	OK, díky. Platí se při vyzvednutí?
Obsluha:	Ano, tady máte lístek.
Zákaznice:	Díky.
Obsluha:	Není zač.

29. Baggage Room

The tourist needs to leave her two big bags somewhere.

Customer:	Hello, how much does it cost for three hours?
Staff:	Hello, there is a flat rate, 80 crowns per day.
Customer:	Oh, and if I have two pieces of luggage?
Staff:	That is for 160 crowns.
Customer:	What time do you close?
Staff:	We are open every day from 5 a.m. to midnight.
Customer:	OK, thanks. Do we pay when we pick up?
Staff:	Yes, here is your receipt.

Úkol: Doplňte vhodná slova. Task. Fill in the blanks.

V kolik____zavíráte? Platí se paušální____80 korun. Kolik to____ na 3 hodiny? Jsme tu každý____od 5 do půlnoci. To je za 80____.

30. Kurz ledního hokeje

Key words: brusle (n., F, sg./pl., skate/skates), lední hokej (n., M, ice hockey), internetová stránka (n., F, website), maximální (adj., maximum), počet (n., M, number), půjčit si (to rent), vybavení (n., N, equipment), začínat (to start), zimní stadion (n., M, winter stadium, ice-rink), zjistit (to find out)

Tomáš by rád začal hrát hokej. Volá na stadion, aby zjistil víc informací.

Zaměstnanec: Zimní stadion Olomouc. Jak vám můžu pomoci?
Tomáš: Dobrý den, tady Tomáš Novák. Viděl jsem na vašich internetových stránkách kurz ledního hokeje pro dospělé. Máte ještě volné místo?
Zaměstnanec: Ano, máme. Začínáme už tento víkend.
Tomáš: Výborně. Jaké potřebuju vybavení?
Zaměstnanec: Žádné, všechno si můžete půjčit.
Tomáš: Aha, dobře, brusle mám, ale nic víc.
Zaměstnanec: To není problém.
Tomáš: Můžu se ještě zeptat, kolik je v kurzu maximálně lidí?
Zaměstnanec: Zatím máme osm. Maximální počet je dvanáct.
Tomáš: Děkuju. Platit můžu až na místě?
Zaměstnanec: Ano, platí se za každou lekci zvlášť, nebo za všechny lekce dohromady.

30. Ice Hockey Course

Tomáš would like to start playing hockey. He calls the stadium to get more information.

Employee: Winter stadium Olomouc. How can I help you?
Tomáš: Hello, I saw an ice hockey course for adults on your website. Do you still have open spots?
Employee: Yes, we do. We start this weekend.
Tomáš: Great. What kind of equipment do I need?
Employee: None, you can rent everything.
Tomáš: Aha, OK, I do have ice skates but nothing else.

Employee:	That is no problem.
Tomáš:	Can I also ask you how many people are in the course?
Employee:	Currently we have 8. The maximum is 12.
Tomáš:	Thank you. Can I pay on the spot?
Employee:	Yes, you can pay for each lesson individually or all the lessons together.

*Úkol: Odpovězte na otázky. **Task: Answer the questions.***

Kde viděl Tomáš kurz hokeje?
Je v kurzu ještě volné místo?
Potřebuje Tomáš vlastní brusle?
Kolik je v kurzu maximálně lidí?
Platí se až na místě?

31. Na hradě

Key words: anglický (adj., English), angličtina (n., F, English language), dobře (adv. well), hrad (n., M, castle), italský (adj., Italian), most (n., M, bridge), nádvoří (n., N, courtyard), nejbližší (adj., the closest, earliest), odejít (to leave), právě (adv., right now), prohlídka (n., F, tour), středověký (adj., medieval), studentský průkaz (n., M, student ID), vstupenka (n., F, ticket)

Martina a Federico jsou na středověkém hradě Bouzov. Právě si kupují vstupenky.

Martina:	Dobrý den, kdy je nejbližší prohlídka v angličtině?
Pokladní:	Dobrý den, jedna právě odešla. Další je ve 14 hodin.
Martina:	Jéé, to je až za dvě hodiny.
Pokladní:	Za dvacet minut je prohlídka v češtině.
Martina:	No, víte, přítel neumí moc dobře česky.
Pokladní:	Můžu vám dát anglický text.
Federico:	Máte taky italský text?
Pokladní:	Ano, máme.
Federico:	Super. Takže můžeme jít na tu prohlídku ve 12:30.
Martina:	OK, dvě vstupenky na 12:30.
Pokladní:	Jste studenti?
Martina:	Ano, tady jsou naše studentské průkazy.
Pokladní:	Děkuji, tři sta korun, prosím.
Martina:	Prosím. Kde prohlídka začíná?
Pokladní:	Na druhém nádvoří u mostu.
Martina:	Díky.

31. At the Castle

Martina and Federico are at the medieval castle Bouzov. They are buying their tickets.

Martina:	Hello, when is the next tour in English?
Cashier:	Hello, one just left. The next one is at 2 p.m.
Martina:	Ohh, that is in two hours.
Cashier:	There is a tour in Czech in 20 minutes

Martina:	Hm, my boyfriend doesn't speak Czech very well.
Cashier:	I can give him an English text.
Federico:	Do you have an Italian text also?
Cashier:	Yes, we do.
Federico:	Super. Then we can join the tour at 12:30.
Martina:	Ok, two tickets for 12:30 then.
Cashier:	Are you students?
Martina:	Yes, here are our student IDs.
Cashier:	Thank you, 300 crowns, please.
Martina:	Here you are. Where does the tour start?
Cashier:	In the second courtyard, by the bridge.
Martina:	Thank you.

Úkol: Dejte slova do správného pořadí a tvořte věty. Task: Put the words in the correct order to make sentences.

prohlídka – ve 14 hodin – další – je.
jít – na – prohlídku – ve 12:30 – můžeme.
Federico – moc – neumí – dobře – česky.
další – je – kdy – prohlídka?
dát – text – vám – můžu – italský.

32. V bance

Key words: běžný (adj., checking), občanský průkaz (n., M, ID), otevřít si (to open), platební karta (n., F, credit/debit card), přihlašovací jméno (n., N, username), spořicí (adj., savings), účet (n., M, account), vyplnit (to fill in), zkontrolovat (to check)

Zákaznice si jde do banky otevřít nový účet.

Bankéř:	Dobrý den, co pro vás můžu udělat?
Zákaznice:	Dobrý den, chtěla bych si otevřít účet.
Bankéř:	Běžný nebo spořicí?
Zákaznice:	Běžný.
Bankéř:	Prosím váš občanský průkaz nebo pas.
Zákaznice:	Tady.

Za 15 minut…

Bankéř:	Zkontrolujte si prosím všechny údaje. Na každé straně budu potřebovat váš podpis.
Zákaznice:	V pořádku.
Bankéř:	Tady prosím vyplňte své přihlašovací jméno a heslo k internetovému bankovnictví.
Zákaznice:	OK, hotovo.
Bankéř:	Výborně. Platební karta vám přijde na tuto adresu do sedmi dnů.
Zákaznice:	Děkuji. Na shledanou.
Bankéř:	Hezký den!

32. At the Bank

A customer goes to the bank to open a new bank account.

Banker:	Hello, what can I do for you?
Customer:	Hello, I would like to open an account.
Banker:	Checking or saving?
Customer:	Checking.
Banker:	Alright, your ID or passport, please.

Customer: Here.

In 15 mins…

Banker: Please check all the data. I will need your signature
              on each page.
Customer: It is correct.
Banker: Please fill in your username and password for your e-
              banking here.
Customer: OK. Done.
Banker: Great. You will receive your card in 7 days at this
              address.
Customer: Thank you, goodbye.
Banker: Have a nice day!

Úkol: Přeložte. Task: Translate.

I would like to open a checking account.
Your ID, please.
Please check your password.
I will need your signature.
Please fill in your name.

33. Půjčovna bruslí:

Key words: kamarád (n., M, male friend), konec (n., M, end) pánské (adj., male), sedět (here: to fit), sraz (n., M, meeting)

Paní Vaňková má na stadionu sraz s kamarádem. Nemá vlastní brusle, a proto si je musí půjčit.

Paní Vaňková:	Dobrý den, chtěla bych si půjčit brusle.
Zaměstnanec:	Dobrý den, jakou máte velikost?
Paní Vaňková:	Čtyřicet jedna.
Zaměstnanec:	Nejsem si jistý, jestli ještě nějaké jsou. Moment, podívám se.

Za 2 minuty...

Zaměstnanec:	Tak bohužel, všechny jsou půjčené.
Pan Vaňková:	Co mám teď dělat?
Zaměstnanec:	Můžete si půjčit pánské.
Pan Vaňková:	Klidně. Hlavně, že mi budou.
Zaměstnanec:	Tady, můžete si je zkusit.
Pan Vaňková:	Díky...Tyhle mi sedí. Kolik platím?
Zaměstnanec:	Platí se až na konci.
Pan Vaňková:	Dobře, díky.

33. Ice-skate Rental

Mrs. Vaňková is meeting a friend at the ice-rink. She does not have her own ice-skates, so she needs to rent a pair.

Mrs. Vaňková:	Hello, I would like to rent a pair of skates.
Employee:	Hello, what size are you?
Mrs. Vaňková:	41.
Employee:	I'm not sure if we have any left. One moment. I will have a look.

Two mins later...

Employee:	Unfortunately, they are all rented.
Mrs. Vanňková:	What should I do?
Employee:	You can rent male skates.
Mrs. Vaňková:	No problem. The important thing is that they fit me.
Employee:	Here you are, you can try them on.
Mrs. Vaňková:	Thanks. These fit. How much are they?
Employee:	You can pay when you turn them in.
Mrs. Vaňková:	OK, thanks.

Úkol: Doplňte daná slova do textu. Task: Fill in the blanks in the text with the words provided.

chtěla, sedí, velikost, bohužel, platím, moment, zkusit

Pavla:	Dobrý den, ____bych si půjčit brusle.
Zaměstnanec:	Dobrý den. Jakou máte____?
Pavla:	Myslím, že 39.
Zaměstnanec:	____, podívám se. ____, mám jen 38 nebo 40.
Pavla:	Můžu si ____ velikost 40?
Pavla:	Určitě.
Zaměstnanec:	____ vám ty brusle?
Pavla:	Ano, sedí. Kolik____?

34. U veterináře

Key words: dát (to give), injekce (n., F, shot), nemocný (adj., sick), pes (n., M, dog), půl (half), veterinář (n., M, male vet), zánět zubu (n., M, tooth inflammation), žrát (to eat – used for animals)

Pes paní Novotné je nemocný. Paní Novotná se o Betty bojí, a proto ji vezme k veterináři.

Paní Novotná:	Dobré ráno, pane doktore.
Dr. Vinar:	Dobré ráno, co ji bolí?
Paní Novotná:	Betty už tři dny nic nežrala.
Dr. Vinar:	Dejte ji prosím na stůl…Vypadá to, že má zánět zubu. Dám vám nějaké tablety.
Paní Novotná:	Děkuju.
Dr. Vinar:	Každých dvanáct hodin musí dostat půl tablety. Kdyby ještě ve středu nežrala, přijďte.
Paní Novotná:	Ano, určitě.
Dr. Vinar:	Teď jí ještě dám injekci. To je všechno.
Paní Novotná:	Kolik to bude?
Dr. Vinar:	Sto padesát za tablety a sto dvacet za injekci. Celkem dvě stě sedmdesát korun.

34. At the Vet's Office

Mrs. Novotná's dog is sick. Mrs. Novotná is worried about Betty, so she takes her to a vet.

Mrs. Novotná:	Good morning, Doctor.
Dr. Vinar:	Good morning, what seems to be the problem?
Mrs. Novotná:	Betty hasn't eaten anything for three days.
Dr. Vinar:	Put her on the table please….she seems to have a tooth inflammation. I will give you some pills. She needs to have one half of a pill every 12 hours. If she is still not eating by Wednesday, come back.
Mrs. Novotná:	Yes, certainly.
Dr. Vinar:	I will give her a shot now. That's all.

Mrs. Novotná:	How much is it?
Dr. Vinar:	150 crowns for the pills and 120 crowns for the shot, 270 crowns in total.

Úkol: Dejte věty do správného pořadí a vytvořte dialog. Task: Put the sentences in the correct order to make a dialogue.

Dám vám tyto tablety. / Už 4 dny nežere. / Děkuju, na shledanou. / Dobrý den, co ji bolí? / Každý den jednu tabletu? / Ne, váš pes je malý, jen půl tablety. / Kolik to bude? / 157 korun. / Dobrý den.

35. Na farmářském trhu

Key words: bramborový (adj., potato), džem (n., M, jam), farmářský (adj. farmer's), hruškový (adj., pear), koláč (n., M, pie), lákavý (adj., tasty, tempting), milovat (to love), nezdravý (adj., unhealthy), ovoce (n., N, fruit), péct (to bake), rozšířit (to expand), řepový (adj., beet), slaný (adj., savory), stánek (n., M, stall), švestkový (adj., plum), trh (n., M, market), třešňový (adj., cherry), zahrada (n., F, garden)

Petr a Heidi jsou na farmářském trhu. Zaujme je jeden stánek, a tak se zastaví.

Petr:	Koukni na ty koláče. Nevypadají lákavě?
Heidi:	To teda jo.
Prodavačka:	Jsou výborné. Domácí. Pekli jsme je brzo ráno.
Heidi:	Já bych si dala ten třešňový.
Petr:	Já si vezmu ten švestkový.
Prodavačka:	Prosím. Máme i skvělé slané koláče.
Heidi:	Já miluju slané koláče, taky je často peču. Je ten džem domácí?
Prodavačka:	Určitě. Děláme je z ovoce z naší zahrady.
Petr:	Koukám, že chceš rozšířit naši sbírku bio džemů.
Heidi:	Prosím tě…hruškový ještě nemáme.
Petr:	To je pravda. Ještě nám chybí bramborový a řepový...
Heidi:	Haha, fakt vtipné. Víš co, jdi si támhle koupit malinovku, ať si užiješ taky něco nezdravého. (K prodavačce) Vezmu si dva hruškové džemy.
Prodavačka:	Všechno?
Heidi:	Ano.
Prodavačka:	Dvě stě čtyřicet korun, prosím.

35. At the Farmers' Market

Petr and Heidi are at the farmers' market. They stop at a stall that has caught their attention.

Petr:	Look at those pies! Don't they look tasty?
Heidi:	Yes, they do.

Vendor:	They are delicious and also homemade. We baked them early this morning.
Heidi:	I'll have the cherry pie.
Petr:	I'll take the plum pie.
Vendor:	Here you are. We also have delicious quiches.
Heidi:	I love quiche; I also often make it. Is the jam also homemade?
Vendor:	Absolutely. We make it from the fruit in our garden.
Petr:	I see you want to expand our collection of organic jams.
Heidi:	Come on…we don't have pear jam yet.
Petr:	That's true. We are also still missing potato jam and beet jam….
Heidi:	Haha, very funny. You know what, go over there and buy yourself a raspberry soda so that you enjoy something unhealthy. (To the vendor) I'll take two jars of the pear jam.
Vendor:	Is that all?
Heidi:	Yes.
Vendor:	240 crowns, please.

Úkol: Spojte začátky a konce daných vět. Task: Match the beginnings of the sentences with their endings.

Ty koláče	pekla brzo ráno koláče.
Ten třešňový koláč	vypadá lákavě.
Heidi a Petr	jsou zdravé.
Prodavačka	jsou domácí.
Domácí džemy	si dají koláče.

36. Potřebujeme hlídání

Key words: hlídání (n., N, babysitting), koncert (n., M, concert), končit (to finish), neteř (n., F, niece), volno (n., N, free time), vrátit se (to return)

Paní Kučerová chce jít se sestrou na koncert, ale nemá hlídání.

Paní Kučerová:	Ahoj Pavlo, tady Kučerová. Nemáš dnes čas na hlídání?
Pavla:	Dobrý den, dnes už bohužel něco mám.
Paní Kučerová:	A co ve čtvrtek večer?
Pavla:	Ve čtvrtek mám volno. V kolik hodin mám přijít?
Paní Kučerová:	Mohla bys už v šest?
Pavla:	To není problém.
Paní Kučerová:	A nevadilo by ti hlídat i mou neteř? Jdeme se sestrou na koncert.
Pavla:	Kolik má let?
Paní Kučerová:	Sedm.
Pavla:	Určitě. V kolik hodin se vrátíte?
Paní Kučerová:	Koncert končí v deset, takže nejpozději v jedenáct budeme doma.
Pavla:	Dobře. Uvidíme se ve čtvrtek. Mějte se hezky.
Paní Kučerová:	Díky moc. Ty taky.

36. We Need a Babysitter

Mrs. Kučerová would like to go to a concert with her sister, but she doesn't have a baby-sitter.

Mrs. Kučerová:	Hi Pavla, this is Mrs. Kučerová, do you have time to babysit tonight?
Pavla:	Hello, unfortunately, I have plans tonight.
Mrs. Kučerová:	And what about Thursday night?
Pavla:	On Thursday I am free. What time should I come?
Mrs. Kučerová:	Could you come as early as 6 p.m.?

Pavla:	No problem.
Mrs Kučerová:	Would you mind also babysitting my niece? My sister and I are going to a concert.
Pavla:	And how old is she?
Mrs. Kučerová:	Seven.
Pavla:	Sure. What time will you be back?
Mrs. Kučerová:	The concert ends at 10, so we'll be home at 11 at the latest.
Pavla:	OK. I'll see you on Thursday. Take care.
Mrs. Kučerová:	Thanks a lot, you too.

Úkol: Kdo to říká? Paní Kučerová, nebo Pavla? Task: Who says this? Mrs. Kučerová or Pavla?

Nemáš čas ve čtvrtek na hlídání?
V kolik hodin mám přijít?
Jdeme se sestrou na koncert.
Kolik má neteř let?

37. Počasí

Key words: celý (adj., all), deštník (n., M, umbrella), dlouhý (adj. long), kabelka (n., F, purse), počasí (n., N, weather), přeháňka (n., F, rain shower), rukáv (n., M, sleeve), sako (n., N, suit jacket), skříň (n., F, closet), svetr (n., M, sweater), tričko (n., N, T-shirt), vzít si na sebe (to put on, to wear), zapomenout (to forget), zataženo (adv., overcast), zítra (adv., tomorrow)

Lenka se kouká do skříně a neví, co na sebe.

Lenka:	Nevíš, jak bude zítra?
Karel:	Nic moc, bude zataženo a celý den přeháňky.
Lenka:	Aha, a kolik bude stupňů? Nevím, co si mám vzít na sebe.
Karel:	Myslím, že kolem 15. Radši si vezmi svetr.
Lenka:	Asi si vezmu sako a tričko s dlouhým rukávem.
Karel:	Nezapomeň si deštník.
Lenka:	Už ho mám v kabelce.

37. The Weather

Lenka is looking through her closet and doesn't know what to wear.

Lenka:	Do you know what the weather is going to be tomorrow?
Karel:	Not great, it will be overcast and there will be rain showers all day.
Lenka:	Ahh, and what temperature? I don't know what to wear.
Karel:	I think about 15 degrees. You should take a sweater.
Lenka:	I might take a suit jacket and a T-shirt with long sleeves.
Karel:	Don't forget to take an umbrella.
Lenka:	It's already in my purse.

Úkol: Jsou následující výroky pravdivé, nebo nepravdivé? Task: Are the following statements true or false?

Karel neví, jak zítra bude.
Zítra bude hezké počasí.
Zítra bude zataženo.
Zítra bude 15 stupňů.
Lenka si vezme svetr.
Lenka má už deštník v kabelce.

38. Plánujeme dovolenou

Key words: dovolená (n., F, vacation), drahý (adj., expensive), flexibilní (adj., flexible), jet (to go), letenka (n., F, flight ticket), léto (n., N, summer), loni (adv., last year), ostrov (in., M, island), pár (couple), plán (n., M, plan), plánovat (to plan), pláž (n., F, beach), pobřeží (n., N, coast), polovina (n., F, half), Portugalsko (n., N, Portugal), prakticky (adv., practically), pravda (n., F, truth), srpen (n., M, August), v pohodě (alright, OK)

Andrea přemýšlí, co bude dělat v létě. Volá kamarádce, jestli s ní nechce jet na dovolenou.

Andrea:	Míšo, máš už něco v plánu na léto?
Míša:	Ještě ne, ale ráda bych jela někam do tepla.
Andrea:	Já taky. Co třeba Španělsko?
Míša:	Hm, to asi ne, tam jsem byla loni.
Andrea:	Aha, nebo nějaký ostrov…Malta nebo Sardinie.
Míša:	Tam budou drahé letenky.
Andrea:	To je pravda.
Míša:	Byla jsi už v Portugalsku? Kámoška se právě vrátila úplně nadšená z Lisabonu.
Andrea:	To zní dobře. Mohly bychom být pár dní v Lisabonu a pak si půjčit auto a jet někam na pobřeží.
Míša:	Jóó! Třeba do Algarve!
Andrea:	Perfektní, podívám se na letenky. Jak moc jsi flexibilní?
Míša:	Já můžu prakticky kdykoli kromě první poloviny srpna.
Andrea:	To je v pohodě. To je většinou stejně moc horko.
Míša:	Super, už se vidím na pláži s mojitem v ruce.
Andrea:	Ať už tam jsme!

38. Planning a Vacation

Andrea is thinking about what to do during the summer. She's calling her friend to ask if she wants to go with her on vacation.

Andrea:	Mišo, do you already have plans for the summer?
Míša:	Not yet, but I would like to go somewhere warm.
Andrea:	Me too. What about Spain?
Míša:	Ehm, probably not, that is where I went last summer.
Andrea:	Oh, or some island...Malta or Sardinia.
Míša:	The flight tickets will be expensive.
Andrea:	That's true.
Míša:	Have you been to Portugal? My friend just got back and loved it.
Andrea:	That sounds good. We could spend couple days in Lisbon and then rent a car and go somewhere on the coast.
Míša:	Yeees, for example to Algarve.
Andrea:	Perfect, I'll have a look at flights. How flexible are you?
Míša:	I'm available practically anytime except for the first half of August.
Andrea:	That's OK. It's usually too hot anyway.
Míša:	Super, I'm already picturing myself on the beach with a mojito in my hand.
Andrea:	I cannot wait to be there!

Úkol: Kdo to říká? Andrea, nebo Míša? Task: Who says this? Andrea or Míša?

Chci jet do Španělska.
Ve Španělsku jsem byla loni.
Letenky na Maltu budou drahé.
Podívám se na letenky.
Mám čas kdykoli kromě první poloviny srpna.

39. Jedeme na lyže

Key words: fakt (inf., really), helma (n., F, helmet), hospoda (n., F, pub), hůlka (n., F, ski pole), lyžák (n., M, ski boot), lyže (n., F, sg./pl., ski/skis), lyžařské kalhoty (n., always pl., ski pants), oblečení (n., N, clothes), Rakousko (n., N, Austria), ségra (n., F, inf., sister), sluneční brýle (n., always pl., sunglasses), smůla (n., F, bad luck), svah (n., M, slope), ukrást (to steal), víkend (n., M, weekend), zavolat si (to call each other)

Martin plánuje výlet na lyže. Volá kamarádce z Anglie.

Martin:	Ahoj Liso, za měsíc jedeme na čtyři dny do Rakouska na lyže. Nechceš jet taky?
Lisa:	Ahoj, jela bych ráda, ale nemám lyže.
Martin:	Jakou máš velikost nohy?
Lisa:	39.
Martin:	Ségra má taky 39. Mohla by ti půjčit lyže a lyžáky.
Lisa:	Fakt? To by bylo super.
Martin:	Jen hůlky nemá. Minulý víkend jí je někdo ukradl na svahu před hospodou.
Lisa:	To je smůla! Hůlky si můžu půjčit na místě. Stejně ještě potřebuju helmu.
Martin:	Oblečení máš?
Lisa:	Bundu a sluneční brýle jo a lyžařské kalhoty si koupím.
Martin:	Tak domluveno. Ještě si zavoláme.
Lisa:	Díky. Už teď se těším.

39. Going Skiing

Martin is planning a ski trip. He's calling his friend from England.

Martin:	Hi Lisa, we are going to ski in Austria for four days in a month. Would you like to join us?
Lisa:	Hi, I would love to, but I do not have skis.
Martin:	What size are you?
Lisa:	39.

Martin:	My sister is also 39; she could lend you her skis and boots.
Lisa:	Really? That would be awesome!
Martin:	She doesn't have ski poles, though. Last weekend someone stole them from the slope in front of a pub.
Lisa:	That's a bummer! I can rent some poles there. I need a helmet anyway.
Martin:	Do you have clothes?
Lisa:	I do have a jacket and sunglasses. I could just buy some pants.
Martin:	OK, so we're all set, we'll stay in touch.
Lisa:	Thanks, I can't wait!

Úkol: Spojte české výrazy s anglickými překlady. Task: Match the Czech expressions with their English translation.

lyže		helmet
lyžáky		skis
hůlky		ski pants
helma		ski jacket
lyžařské kalhoty		ski poles
lyžařská bunda		sunglasses
sluneční brýle		ski boots

40. V kempu

Key words: areál (n., M, here: site), dítě (n., N, child), dospělý/dospělá (n., M/F, male/female adult), nejprve (adv., at first), odjezd (n., M, lit. departure, here: check-out), příjezd (n., M, arrival), půjčovna lodí (n., F, boat rental), rekreační poplatek (n., M, tourist fee), stan (n., M, tent), výborně (adv., excellent)

Rodina pana Holého dorazila do kempu. Nejprve jdou na recepci.

Pan Holý:	Dobrý den, máte ještě místo?
Recepční:	Dobrý den, ano, dva dospělí a dvě děti?
Pan Holý:	Ano.
Recepční:	Kolik mají ty děti let?
Pan Holý:	Tři a pět.
Recepční:	Děti do šesti let neplatí, dospělí sto korun za osobu a noc. Máte vlastní stan?
Pan Holý:	Ano, stan a auto.
Recepční:	Stan je za sto deset za noc a auto za sto korun. Plus rekreační poplatek dvanáct korun za osobu a noc.
Pan Holý:	Platí se při odjezdu?
Recepční:	Ano. Ještě potřebuju vaše občanské průkazy.
Pan Holý:	Prosím.
Recepční:	Výborně. Tady máte mapu areálu. Restaurace je otevřená od 10 do 24 hodin. Tenisový kurt a minigolf od 8 do 20 hodin a půjčovna lodí od 10 do 16 hodin. Přeju vám příjemný pobyt.

40. At the Camping Site

Mr. Holý's family arrived at the camping site. First they're going to the reception.

Mr. Holý:	Hello, is there any vacancy?
Receptionist:	Hello, yes, two adults and two children?
Mr. Holý:	Yes.
Receptionist:	How old are your children?
Mr. Holý:	Three and five.

Receptionist: Children under six don't pay, adults for 100 CZK per person per night. Do you have your own tent?

Mr. Holý: Yes, a tent and a car.

Receptionist: A tent is for 110 per night and a car for 100. Plus a tourist fee of 12 CZK per person per night.

Mr. Holý: Do we pay check-out?

Receptionist: Yes, I also need your IDs.

Mr. Holý: Here you are.

Receptionist: Excellent. This is a map of the camping site. The restaurant is open from 10 a.m. to midnight. The tennis court and miniature golf from 8 a.m. to 8 p.m. The boat rental from 10 a.m. to 4 p.m. Have a nice stay.

Úkol: Odpovězte na otázky. Task: Answer the questions.

Kolik stojí pět nocí v kempu pro tuto rodinu?
Kolik platí děti do šesti let?
Platí se při odjezdu, nebo při příjezdu?
Je v kempu půjčovna lodí?
Kdy je otevřený minigolf?

41. Úraz

Key words: hýbat s někým/něčím (to move sb/sth), kolo (n., N, bicycle), najednou (adv., suddenly), spadnout (to fall off), počkat (to wait), poslat (to send), sanitka (n., F, ambulance), spadnout (to fall off), strašně (adv., horribly), úraz (n., M, injury), určitě (adv., sure), zlomený (adj., broken), zůstat (to stay)

Ryan jde po ulici a najednou vidí, jak nějaká paní spadla z kola.

Ryan:	Je vám něco?
Paní:	Au, já jsem…spadla. Moje noha, au…strašně to bolí! Pomozte mi, prosím!
Ryan:	Počkejte, nehýbejte se. Zavolám sanitku. (Do telefonu) Haló, tady Ryan Walters. Jsem v Janáčkově ulici. Nějaká paní spadla z kola. Má asi zlomenou nohu.
Dispečerka:	Dobře, posíláme pomoc. Hlavně s ní nehýbejte a zůstaňte na místě, dokud nedorazí sanitka.
Ryan:	Ano, určitě. Díky. (K paní) Nebojte se, to bude v pořádku. Sanitka už je na cestě.

41. Injury

Ryan is walking down the street when he sees a lady fall off her bike.

Ryan:	Are you hurt?
Lady:	Ouch, I…fell off. My leg….it hurts a lot.
Ryan:	Wait, don't move. I will call an ambulance. (Talking on the phone) Hello, this is Ryan Walters. I am on Janáčkova street. A lady fell off her bike. She might have broken her leg.
Dispatcher:	Alright; we are sending help. Don't move her and wait until the ambulance arrives.
Ryan:	Yes, sure. Thanks. (To the lady) Don't worry, it will be alright. The ambulance is on its way.

Úkol: Najděte v rozhovoru všechny tvary sloves v imperativu a spojte je s jejich infinitivy. Task: In the dialogue find all the imperative forms and match them with the infinitives below.

počkat, hýbat se, bát se, pomoct, zůstat

42. V muzeu

Key words: další (adj., here: other), historie (n., F, history), město (n., N, town), místní (adj., local), obraz (n., M, painting), prohlédnout si (to look through, to see), současnost (n., F, the present day), stálý (adj., permanent), včetně (including), vstupenka (n., F, ticket), výstava (n., F, exhibition)

Petra a Kryštof jdou do muzea na výstavu Secese.

Petra:	Dobrý den, dvě vstupenky na výstavu Secese.
Pokladní:	Na výstavu Secese je to za sto devadesát. Za dvě stě padesát si můžete prohlédnout celé muzeum včetně zahrady.
Petra:	Jaké další výstavy tu jsou?
Pokladní:	Momentálně tu máme výstavu obrazů místního malíře Miloše Kratochvíla. Naše stálá expozice mapuje historii města od jedenáctého století do současnosti.
Kryštof:	Tak si prohlédneme celé muzeum.
Pokladní:	Dva dospělí, nebo máte studentskou slevu?
Petra:	Ne, nemáme.
Pokladní:	Celkem je to pět set korun.

42. At the Museum

Petra and Kryštof are going to see the Art Noveau exhibition at the museum.

Petra:	Hello, two tickets for the Art Noveau exhibition.
Cashier:	Hello, the Art Noveau exhibition is for 190 crowns. For 250 crowns you could see the entire museum including the garden.
Petra:	What other exhibitions are there?
Cashier:	At the moment we have a painting exhibition of a local artist, Miloš Kratochvíl. Our permanent exposition traces the history of our town from the 11th century to the present day.
Kryštof:	Alright, so we will see the entire museum.

Cashier:	Two adults or do you have a student discount?
Petra:	No, we do not.
Cashier:	It is 500 CZK in total.

Úkol: Dejte písmena do správného pořadí a vytvořte slova. Task: Unscramble the following words.

AÝSVTAV, MEUZUM, ZEPXIOCE, SOAUČNOST, CESESE, OZBRA

43. Jedeme na výlet

Key words: lepší (adj., better), napravit (to fix), obrovský (adj., huge), pohodlnější (adj., more comfortable), projet se na kole (to have a bike ride), sejít se (to meet), střecha (n., F, roof), táta (n., M. dad), výlet (n., M, trip), zámek (n., M, chateau), znát (to know)

Adam chce jet na výlet do Lednice. Shání někoho, kdo by se chtěl přidat.

Adam:	Ahoj Milane, nechceš jet v sobotu na zámek do Lednice?
Milan:	Čau, no jasně. Tam je krásně. Mohli bychom se tam projet na kole nebo na lodi. Vedle zámku je obrovský park. Znáš to tam?
Adam:	Právě že vůbec ne. Ještě jsem tam nebyl.
Milan:	Tak to bychom měli napravit.
Adam:	Můžeme jet vlakem brzo ráno, ať máme dost času.
Milan:	Vlakem? Nebude lepší jet autem? Je to rychlejší a pohodlnější.
Adam:	Copak ty máš auto?
Milan:	Nemám, ale můžu si ho půjčit od táty.
Adam:	Dobře, ale co kola?
Milan:	Ta dáme na střechu. To nebude problém.
Adam:	Tak super! A kde se sejdeme?
Milan:	Třeba v 9 u mě?
Adam:	Platí.

43. Going on a Trip

Adam wants to go on a trip to Lednice. He's looking for someone to join him.

Adam:	Hi Milan, would you like to go to Lednice chateau on Saturday?
Milan:	Hey, sure. Beautiful place. We could ride a bike or take a boat tour. There is a huge park around the chateau. Are you familiar with this place?

Adam:	Not at all. I've never been there.
Milan:	We should fix that then.
Adam:	We could take an early morning train, so that we have enough time.
Milan:	Train? Isn't it better by car? It's faster and more comfortable.
Adam:	And you have a car?
Milan:	I do not, but I could borrow my dad's.
Adam:	OK, but what about our bikes?
Milan:	We can put them on the roof. That shouldn't be a problem.
Adam:	Super, where can we meet?
Milan:	Let's say 9 a.m. at my place?
Adam:	That works.

Úkol: Jsou následující výroky pravdivé, nebo nepravdivé? Task: Are the following statements true or false?

Vedle zámku je park.
Adam už na zámku Lednice byl.
Adam a Milan si s sebou vezmou kola.
Adam a Milan pojedou vlakem.

44. Pokuta

Key words: doklad (n., M, document), dýchnout do (to breathe into), jízda (n., F, drive, ride), obec (n., F, municipality), pít (to drink), policistka (n., F, female police officer), překročit (to exceed, to cross over), přestupek (n., M, offence), rychlost (n., F, speed), spáchat (to commit), stačit (to be sufficient/OK), trubička (n., F, little tube), zastavit (to stop)

Policistka zastaví řidiče, který jel moc rychle.

Policistka:	Dobrý den, pane řidiči, vaše doklady, prosím.
Řidič:	Dobrý den, tady.
Policistka:	Ještě váš občanský průkaz.
Řidič:	Ten nemám. Stačí pas?
Policistka:	Ano, děkuji. Víte, jaký přestupek jste udělal?
Řidič:	Ne, nevím.
Policistka:	Překročil jste rychlost o deset kilometrů v hodině. Rychlost v obci je padesát kilometrů v hodině a vy jste jel šedesát.
Řidič:	Aha, to jsem nevěděl.
Policistka:	Je mi líto. Pil jste před jízdou alkohol?
Řidič:	Ne, nepil.
Policistka:	Dobře, přesto prosím dýchněte do této trubičky.

Za 3 minuty…

Policistka:	V pořádku. Ale za tu rychlost vám musím udělit pokutu tisíc korun.

44. Fine

A police officer stops a driver who was speeding.

Police officer:	Hello, sir; your documents, please.
Driver:	Hello, here.
Police officer:	And your ID?
Driver:	I don't have one. Is my passport OK?

Police officer: Yes, thank you. Do you know what offence you committed?

Driver: No, I do not.

Police officer: You broke the speed limit by 10 km/h. The speed limit in a municipal area is 50 km/h and you were driving 60 km/h.

Driver: Oh, I didn't know.

Police officer: I am sorry. Did you have any alcohol before driving?

Driver: No, I did not.

Police officer: OK, regardless, can you please breathe into this tube?

In 3 mins…

Police officer: Alright. But I have to give you a 1000 CZK fine for speeding.

Úkol: Doplňte vhodná slova. Task: Fill in the blanks.

Nemám____, mám jen pas.   Je ____líto.
Víte, jaký____jste udělal?   Pil jste____?
____v obci je 50 km v hodině.

45. Pozvání na svatbu

Key words: čas (n., M, time), kecat (to be kidding), nechat si ujít (to miss sth), nešťastnice (n., F, poor/unlucky girl), novinka (n., F, news), pozvání (n., N, invitation), svatba (n., F, wedding), událost (n., F, event), ženit se (to get married – used for men only).

Šimon potká svého kamaráda Steva. To je fajn, protože s ním potřebuje mluvit.

Šimon:	Ahoj Steve, Jak se máš?
Steve:	Čau, dlouho jsem tě neviděl. Jak jde život?
Šimon:	Skvěle. Mám novinku – budu se ženit.
Steve:	Kecáš! Kdo je ta nešťastnice?
Šimon:	No Radka přece! Je to třicátého června.
Steve:	To už je za dva měsíce!
Šimon:	Rád bych tě pozval. Budeš mít čas?
Steve:	To si nemůžu nechat ujít! Kde ta svatba bude?
Šimon:	Znáš Křivoklát?
Steve:	Ne, neznám. To je hotel?
Šimon:	Ale neee. To je hrad pár kilometrů od Prahy. Katka s Jirkou mají místo v autě, tak by tě mohli vzít, jestli chceš.
Steve:	Perfektní, už se těším. To bude událost roku!

45. Wedding Invitation

Šimon runs into his friend Steve. That's good, because he needs to talk to him.

Šimon:	Hi, Steve, how are you?
Steve:	Hey, long time no see. How is it going?
Šimon:	Great. I have some news – I am getting married!
Steve:	You're kidding! Who is the poor girl?
Šimon:	Haha, Radka, of course. On June 30th.
Steve:	That is in two months!
Šimon:	I would like to invite you. Are you free?
Steve:	I cannot miss that! Where is the wedding going to be?

Šimon:	Do you know Křivoklát?
Steve:	No, I do not. Is it a hotel?
Šimon:	Jeez, no. It's a castle, a couple kilometers from Prague. Katka and Jirka have one free seat in their car, so they could take you if you want.
Steve:	Perfect. I can't wait. This is going to be the event of the year!

Úkol: Opravte faktickou chybu v každém výroku. Task: Correct a factual mistake in each statement.

Šimon a Katka budou mít svatbu.
Steve by chtěl Šimona pozvat na svatbu.
Svatba je za 2 týdny.
Křivoklát je hotel.
Steve nemá čas jít na svatbu.

46. Schůzka

Key words: asistentka (n., F, female assistant), kancelář (n., F, office), místnost (n., F, room), ředitel (n., M, male director), schůzka (n., F, appointment), spěchat (to be in a hurry), zastavit se (to stop)

Ředitel spěchá na oběd. Zastaví se v kanceláři své asistentky, aby si zkontroloval svoji agendu.

Ředitel:	Jano, mám dnes odpoledne nějakou schůzku?
Asistentka:	Ano, ve 13:30 máte schůzku s panem Kolářem a v 15:45 máte další s panem Brownem.
Ředitel:	Obě schůzky jsou u mě v kanceláři?
Asistentka:	Ne, ta první je v místnosti 310.
Ředitel:	Děkuji. Mohla byste, prosím, zavolat panu Brownovi a schůzku potvrdit?
Asistentka:	Asistentka pana Browna volala ráno.
Ředitel:	OK, díky.

46. Appointment

The director is rushing out to have lunch. He stops at his assistant's office to check his schedule.

Director:	Jana, do I have any appointments this afternoon?
Assistant:	Yes, at 1.30 p.m. you have an appointment with Mr. Kolář and at 3.45 p.m. you have another one with Mr. Brown.
Director:	Are both appointments in my office?
Assistent:	No, the first one is in room 310.
Director:	Thank you. Could you please call Mr. Brown and confirm the appointment?
Assistent:	Mr. Brown's assistant called this morning.
Director:	OK, thanks.

Úkol: Přeložte. Task: Translate.

Do I have any appointments today?
You have an appointment with Mr. Brown.
Where is the appointment with Mr. Kolář?
Could you confirm the appointment?
Could you call Mr. Brown, please?

47. Policejní stanice – krádež

Key words: adresa (n., F, address), formulář (n., M, form), fotit (to take pictures), fotoaparát (n., M, camera), foťák (n., M, inf., camera), chvíle (n., F, a little while), napsat (to write down), někdo (someone), nervózní (adj., nervous), podepsat (to sign), podezřelý (adj., suspicious), připsat (to add by writing), typ (n., M, type), všude (adv., everywhere), ztratit se (to disappear)

Nervózní turista dorazí na policejní stanici.

Policistka:	Dobrý den, co pro vás můžu udělat?
Turista:	Dobrý den, ztratil se mi foťák. Myslím, že ho někdo ukradl.
Policistka:	Kde se to stalo?
Turista:	Na Václavském náměstí. Fotil jsem muzeum, pak jsem chvíli telefonoval. Když jsem chtěl zase fotit, foťák už v batohu nebyl.
Policistka:	Všiml jste si někoho podezřelého?
Turista:	Ne, všude kolem byli jen turisti.
Policistka:	Dobře, vyplňte, prosím, tento formulář. Tady napište typ a hodnotu fototaparátu.
Turista:	Je to všechno?
Policistka:	Ještě tady připište svou adresu, telefonní číslo a e-mail. Dole se, prosím, podepište. To je všechno. Dáme vám vědět.
Turista:	Děkuji. Na shledanou.

47. Police Station – Theft

A nervous tourist arrives at a police station.

Police officer:	Hello, what can I do for you?
Tourist:	Hello, my camera disappeared. I think someone stole it.
Police officer:	Where did it happen?
Tourist:	On Václavské náměstí. I was taking a picture of the museum and then I was on the phone for a short

moment. When I wanted to continue taking pictures, my camera was no longer in my backpack.

Police officer: Did you see anyone suspicious?

Tourist: No, there were only tourists all around me.

Police officer: Alright, please fill this form out and write the type and value of your camera.

Tourist: Is that all?

Police officer: Also, add your address, phone number and e-mail here. Sign at the bottom, please. That is all. We will let you know.

Tourist: Thank you, goodbye.

Úkol: Najděte následující slovesa ve tvarech minulého času. Task: Find the past tense forms of the following verbs.

ztratit, ukrást, stát se, všimnout si, telefonovat

48. Rozbitý bojler

Key words: bojler (n., M, water heater), cena (n., F, price), hned (adv., immediately), ochotná (adj., willing), oprava (n., F, repair), opravář (n., M, serviceman), pondělí (n., N, Monday), příplatek (n., M, extra fee), rozbitý (adj., broken), servis (n., M, service), teplý (adj., warm), trvat (to last, to take), urgentně (adv., urgently), zima (n., F, cold weather)

Je zima a paní Chrástecká nemá teplou vodu.

Zaměstnankyně:	Servis bojlerů Šumperk.
Paní Chrástecká:	Dobrý den, tady Chrástecká. Urgentně bych potřebovala opravit bojler. Od rána nefunguje a my jsme bez teplé vody.
Zaměstnankyně:	Můžeme vám poslat opraváře ještě dnes. Jste ochotná uhradit víkendový příplatek tisíc pět set korun?
Paní Chrástecká:	Tisíc pět set korun plus cena opravy?
Zaměstnankyně:	Ano, nebo můžete počkat do pondělí.
Paní Chrástecká:	To nejde. Potřebuju teplou vodu. Jak dlouho to bude trvat?
Zaměstnankyně:	Do hodiny bude někdo u vás. Jaká je vaše adresa?
Paní Chrástecká:	Kovaříkova 12, Šumperk.
Zaměstnankyně:	Děkuji. Hned někoho posílám.

48. Broken Water Heater

It is cold and Mrs. Chrástecká has no hot water.

Employee:	Šumperk Water Heater Repair.
Mrs. Chrástecká:	Hello, Mrs. Chrástecká speaking, I urgently need my water heater fixed. It hasn't been working since this morning and we don't have hot water.
Employee:	We can send you a serviceman today. Are you willing to pay a 1500 CZK weekend fee?
Mrs. Chrástecká:	1500 CZK plus the cost of the service?

Employee:	Yes, or you can wait until Monday.
Mrs. Chrástecká:	That's not possible. I need hot water. How long will it take?
Employee:	Someone will be with you within an hour. What's your address?
Mrs. Chrástecká:	Kovaříkova 12, Šumperk.
Employee:	Thank you. I'll send someone right away.

Úkol: Dejte slova do správného pořadí a vytvořte věty. Task: Put the words in the correct order to make sentences.

bojler – opravit – potřebovala – bych.
vody – jsme – teplé – bez.
pondělí – můžete – počkat – do.
trvat – jak – to – dlouho – bude?
adresa – je – vaše – jaká?

49. Oprava bojleru

Key words: čára (n., F, line), faktura (n., F, invoice), hladina vody (n., F, water level), klesnout (to drop), konečně (adv., finally), objednat (to order), pojistka (n., F, safety lock), přepálit (here: to burn out), zapnout (to switch on), zvonit (to ring the bell)

Konečně někdo zvoní. Paní Chrástecká jde otevřít.

Opravář:	Dobrý večer, objednala jste si opravu bojleru?
Paní Chrástecká:	Ano, pojďte dál. Tady to je. Ani se to nezapne.
Opravář:	Už to vidím. Přepálila se vám pojistka. Zkusím ji vyměnit.

Za 10 minut…

Opravář:	Bojler funguje. Byla to opravdu jen ta pojistka. Měla byste kontrolovat hladinu vody. Pokud klesne pod tuto červenou čáru, pojistka se přepálí.
Paní Chrástecká:	Aha, to jsem nevěděla.
Opravář:	Faktura bude na vaše jméno?
Paní Chrástecká:	Ano, kolik platím?
Opravář:	Dvě stě padesát korun za pojistku, sto padesát za práci a tisíc pět set za víkendový poplatek. Celkem tisíc devět set korun.
Paní Chrástecká:	Tady. Díky. Mějte se hezky.
Opravář:	Vy taky.

49. Water Heater Repair

Finally the doorbell rings. Mrs. Chrástecká is going to open the door.

Serviceman:	Good evening, did you request a water heater repair?
Mrs. Chrástecká:	Yes, come in. It's here. It won't even turn on.
Serviceman:	I can already see it. The safety lock burned out. I'll try to replace it.

In 10 minutes…

Serviceman:	The water heater is working. It really was just the safety lock. You should check the water level. If it drops under this red line, the safety lock burns out.
Mrs. Chrástecká:	Ohh, I didn't know that.
Serviceman:	The invoice will be in your name?
Mrs. Chrástecká:	Yes, how much is it?
Serviceman:	250 CZK for the safety lock, 150 CZK for the service and 1500 CZK for the weekend fee. 1900 CZK in total.
Mrs. Chrástecká:	Here. Thank you. Take care.
Serviceman:	You too.

Úkol: Opravte faktickou chybu v každém výroku. Task: Correct a factual mistake in each statement.

Paní Chrástecká:
1) nemá problém s bojlerem.
2) kontroluje hladinu vody.
3) nemusí platit víkendový příplatek.
4) si objednala opravu bojleru na příští týden.
5) zaplatila celkem sto devadesát korun.

50. V tělocvičně

Key words: cvičit (to work out, to exercise), člen (n., M, male member), členství (n., N, membership), dveře (n., always pl., door), instruktor (n., M, instructor), jóga (n., F, yoga), mít zájem o (to be interested in), nabízet (to offer), neomezený (adj., unlimited), posilovací (adj., strength), šatna (n., F, locker room), tělocvična (n., F, gym), trénink (n., M, workout, training), užít si (to enjoy), výhoda (n., F, benefit, advantage), vyhovovat (to suit)

Jan by chtěl začít dělat crossfit. Jde zjistit víc informací do jedné tělocvičny.

Recepční:	Dobré odpoledne, vítejte v Central European Crossfit. Máte zájem o členství, nebo si to jdete jen vyzkoušet?
Jan:	Mám zájem o členství. Jaké výhody nabízíte?
Recepční:	Naši členové mají přístup do tělocvičny celý den zdarma a jednu hodinu denně s instruktorem. Navíc je tu zdarma jedna lekce jógy za týden a tři posilovací lekce za měsíc.
Jan:	To zní skvěle. Jaký je měsíční poplatek?
Recepční:	Neomezené členství je za tisíc osm set korun. Zapomněl jsem zmínit, že první lekce je vždy zdarma. Chtěli bychom, abyste s námi cvičil, a chceme si být jistí, že vám to vyhovuje.
Jan:	Perfektní. Kdy je další trénink?
Recepční:	Další trénink je za 15 minut. Šatna je za těmito dveřmi. Užijte si to!
Jan:	Děkuju.

50. At the Gym

Jan would like to start crossfit. He's going to a gym to find out more information.

Receptionist:	Good afternoon and welcome to Central European CrossFit. Are you interested in becoming a full member or just dropping in for the day?

Jan:	I'm interested in becoming a full member. What are the benefits offered?
Receptionist:	Our full members have access to the gym throughout the day, as well as 1 instructor lead session per day. Additionally, there is a weekly, complimentary yoga class and 3 strength-specific classes per month.
Jan:	Sounds great. What're the monthly fees?
Receptionist:	Unlimited membership is 1800 CZK. I forgot to mention, the intro class is always free. We want you to do a workout with us and make sure we are a good fit.
Jan:	Awesome! When is the next workout?
Receptionist:	Next session is in 15 minutes and the locker room is through those doors. Have fun!
Jan:	Thank you.

Úkol: Jsou následující výroky pravdivé, nebo nepravdivé? Task: Are the following statements true or false?

Neomezené členství stojí 1800 korun.

Jan si jde do tělocvičny vyzkoušet lekce jógy.

Členové mají zdarma tři posilovací lekce za měsíc.

První lekce je zdarma.

Další trénink je zítra v 15 hodin.

51. Fotbal

Key words: brankář (n., M, goalie), brečet (to cry), dát gól (to score), fotbal (n., M, soccer), hrozný (adj. horrible), chytit (to catch), míč (n., M, ball), obránce (n., M, defender), postoupit (to advance), prokličkovat (to dribble around), různý (adj. different), růžek (n., M, inf., corner), skalní fanda (n., M, inf., die-hard fan), skoro (adv., almost), střed hřiště (n., M, midfield), trefit (to strike, hit), tým (n., M, team), útočník (n., M, striker), vyřadit (to eliminate), zápas (n., M, game), zpracovat přihrávku (to catch the pass)

Dva kamarádi se potkají v kavárně a mluví o včerejším fotbalovém zápase, zatímco čekají na objednávku.

John: Koukal ses včera večer na fotbal? Byli jsme skvělí!
Sean: Jo, bylo to super. Viděl jsi, jak dal náš útočník gól?
John: No aby ne! Chytil přihrávku hrudníkem ve středu hřiště, zpracoval míč a vyrazil k bráně.
Sean: Však jo! Po cestě prokličkoval kolem tří různých obránců.
John: A pak obstřelil brankáře a krásně trefil růžek!

Barista zavolá jejich jména, a tak jdou k baru vyzvednout svou objednávku.

Mike: Jo, byl to krásný gól, kterým jsme postoupili a ještě vyřadili ten druhý tým.
Barista: Skoro jsem brečel.
John: Brečel? To musíte být skalní fanda.
Barista: Ano, ale toho druhého týmu!

51. Soccer

Two friends meet in a café and are discussing last night's soccer match as they wait for their order.

John: Did you see the soccer game last night? We were awesome!

Sean: Yeah, it was great. Did you see when our striker
            scored?
John: Did I ever?! He caught the pass on his chest at midfield,
            settled the ball, and took off for their goal.
Sean: I know! Along the way dribbling around three different
            defenders.
John: Then he put the ball past the goalie with a beautiful
            strike into the corner!

Their names are called and they are walking to the counter to pick up
their order.

Sean: Yeah, it was a beautiful goal and with it we advance in
            the competition and eliminate the other team.
Barista: I almost cried.
John: You almost cried? You must be a die-hard fan.
Barista: Yes, of the other team!

Úkol: Opravte faktickou chybu v každém výroku. Task: Correct a
factual mistake in each statement.

John a Sean jsou v kavárně a mluví o včerejším hokejovém zápase.
Včerejší zápas byl hrozný.
Tým Johna a Seana nepostoupil.
Barista se na fotbal nedíval.
Barista je fanda stejného týmu jako Sean a John.

52. Pracovní pohovor

Key words: mateřská dovolená (n., F, maternity leave), mezinárodní (adj., international), obchodní akademie (n., F, business high school), ozvat se (to contact), pracovní pohovor (n., M, job interview), prověřit (to check), přestěhovat se (to move), silná stránka (n., F, strength), slabá stránka (n., F, weakness), studium (n., N, studies), vracet se (to return), žít (to live)

Paní Sawinski jde do mezinárodní firmy na pracovní pohovor.

HR:	Dobré ráno, vy jste paní Sawinski?
Paní Sawinski:	Ano.
HR:	Já jsem Petra Koukalová.
Paní Sawinski:	Těší mě.
HR:	Těší mě. Dáte si něco k pití? Kávu, čaj?
Paní Sawinski:	Jen vodu, děkuji.
HR:	Vy máte zájem o pozici asistentky ředitele, je to tak?
Paní Sawinski:	Ano, přesně tak.
HR:	Můžete mi o sobě něco říct?
Paní Sawinski:	Určitě. Jmenuju se Ivana Sawinski. Jsem z Polska a v Praze žiju už 5 let. Mám 10 let praxe – po studiu na obchodní akademii ve Varšavě jsem pracovala 5 let jako asistentka v mezinárodní firmě. Potom jsem se přestěhovala do Prahy.
HR:	Vidím, že jste v Praze pracovala jako asistentka ředitele ve firmě Kalke. Z jakého důvodu jste odešla?
Paní Sawinski:	Mateřská dovolená.
HR:	Aha, takže nyní se vracíte do práce.
Paní Sawinski:	Ano.
HR:	Jaké jsou vaše silné a slabé stránky?
Paní Sawinski:	Mezi moje silné stránky patří přesnost, zodpovědnost, samostatnost, dochvilnost a především znalost cizích jazyků. Mluvím plynně polsky, česky, anglicky a německy.

HR:	Výborně. A vaše slabé stránky?
Paní Sawinski:	Někdy jsem až moc komunikativní.
HR:	Já vám zatím děkuji. Jakmile prověříme vaše reference, ozveme se vám.

52. Job Interview

Mrs. Sawinski is going for a job interview with an international company.

HR:	Good morning, are you Mrs. Sawinski?
Mrs. Sawinski:	Yes.
HR:	I'm Petra Koukalová.
Mrs. Sawinski:	Nice to meet you.
HR:	Nice to meet you. Would you like something to drink? Coffee or tea?
Mrs. Sawinski:	Just water, thank you.
HR:	You are interested in an executive assistant position, is this correct?
Mrs. Sawinski:	Yes, exactly.
HR:	Can you tell me about yourself?
Mrs. Sawinski:	Certainly. My name is Ivana Sawinski. I'm from Poland and I've lived in Prague for five years. I've ten years of experience. When I finished my studies at a business school in Warsaw, I worked for five years as an assistant in an international company. Then I moved to Prague.
HR:	I can see that you worked for Kalke in Prague. What was your reason for leaving?
Mrs. Sawinski:	Maternity leave.
HR:	Ehm, so now you are returning to work.
Mrs. Sawinski:	Yes.
HR:	What are your strengths and weaknesses?
Mrs Sawinski:	Some of my strengths are accuracy, responsibility, independence, punctuality and above all foreign languages. I'm fluent in Polish, Czech, English and German.
HR:	Excellent. And your weaknesses?

| Mrs. Sawinski: | Sometimes I'm too communicative. |
| HR: | Haha, thank you for now. As soon as we have checked your references, we'll contact you. |

Úkol: Opravte faktickou chybu v každém výroku. Task: Correct a factual mistake in each statement.

Paní Sawinski má zájem o pozici ředitele.
V Brně žije už 5 let.
Studovala na obchodní akademii v Praze.
Mluví francouzsky a německy.
Není moc komunikativní.

53. Jdeme do divadla

Key words: blbec (n., M, vulg., idiot), boží (adj., inf., great), divadlo (n., N, theater), hra (n., F, play), hrát (to play), komedie (n., F, comedy), muzikál (n., M, musical), představení (n., N, performance), vyprodaný (adj., sold out), zarezervovat (to book)

Klára ráda chodí do divadla. Volá kamarádce, jestli nechce jít s ní.

Klára:	Ahoj, nechceš jít do divadla?
Simona:	Čau, jo, proč ne? Ale záleží na tom kdy. Ty už máš lístky?
Klára:	Nemám. Právě koukám na program divadel. Máš radši komedie, nebo muzikál?
Simona:	Asi komedie. Hrajou někde něco zajímavého?
Klára:	V Divadle na Vinohradech hrajou v sobotu Blbec k večeři.
Simona:	Jo, to jsem viděla. Ale je to boží, klidně bych šla znovu.
Klára:	Fakt? Tak moment, podívám se, jestli jsou ještě lístky... Máme štěstí! Třetí řada má 5 volných sedadel.
Simona:	Rychle to zarezervuj. Tahle hra bude hned vyprodaná.
Klára:	Hotovo. Zaplaceno. Vyzvednout si je musíme nejpozději třicet minut před začátkem představení.
Simona:	Skvěle. Díky moc. V kolik to začíná?
Klára:	V 19:00. Můžeme se sejít v 18:30 před divadlem.
Simona:	Jo, tak v sobotu!

53. Going to the Theater

Klára likes going to the theater. She's calling her friend to see if she wants to join her.

Klára:	Hi, would you like to go to the theater?
Simona:	Hi, yeah, why not? But it depends when. Do you already have tickets?
Klára:	I do not; I'm just looking at the show schedule. Do you prefer comedies or musicals?

Simona:	Probably comedies. Are they performing anything interesting?
Klára:	In the Na Vinohradech Theater they are performing the Dinner Game.
Simona:	Yeah, I've seen it, but it is awesome, I wouldn't mind going again.
Klára:	Really? One moment, I'll have a look if there are still tickets available…. We're in luck! There are 5 seats in the third row.
Simona:	Book it quickly. This play will sell out soon.
Klára:	Done. Paid. We have to pick up the tickets 30 minutes before the show at the latest.
Simona:	Excellent. Thanks a lot. What time does it start?
Klára:	At 7 p.m. We can meet at 6.30 in front of the theater.
Simona:	Yeah, see you on Saturday!

Úkol: Odpovězte na otázky. Task: Answer the questions.

Preferuje Simona komedie, nebo muzikál? Co hrají v Divadle na Vinohradech? Viděla už Klára tuto hru? Kdy si musí lístky vyzvednout? Který den jdou Simona a Klára do divadla?

54. Máme hosty

Key words: bonboniéra (n., F, box of chocolates), česneková (adj., garlic), drobnost (n., F, little something), hostitel/hostitelka (n., M/F, host/hostess), chlebíček (n., M, open-face sandwich), jít dál (to come in), kamarád (n., M, male friend), nealkoholické (adj., non-alcoholic), omlouvat se (to apologize), pohoštění (n., N, hospitality), pomazánka (n., F, spread), posadit se (to sit down), zpoždění (n., N, delay).

Kamila a Michal jdou na návštěvu ke kamarádům.

Hostitelka:	Ahoj, pojďte dál.
Kamila:	Ahoj, omlouváme se, máme trochu zpoždění. Měli jsme problém s parkováním.
Hostitelka:	To vůbec nevadí.
Michal:	Tady jsme vám přinesli takovou drobnost.
Hostitelka:	Jé, bonboniéra, díky, ale to jste nemuseli.
Hostitel:	Posaďte se, prosím. Co si dáte k pití – víno, pivo nebo nealko?
Kamila:	Já si dám víno a manžel řídí, takže asi nealko.
Hostitel:	Máme i nealkoholické pivo.
Michal:	Perfektní, tak to si dám.
Hostitelka:	Vezměte si chlebíčky.
Michal:	Díky, jsou výborné. To je sýrová pomazánka?
Hostitelka:	Ne, to je česneková.

Hostitelka přináší dort.

Kamila:	No ne, vy máte i dort?
Hostitel:	Martina pořád něco peče.
Kamila:	Hm, je moc dobrý. Musíš mi dát recept.

Za několik hodin…

Michal:	Už je pozdě, měli bychom jít.
Hostitel:	Ale ne, ještě není tak pozdě. Dáme si ještě skleničku.
Michal:	Bohužel musíme zítra brzo vstávat.
Hostitelka:	Dobře, ale vezměte si s sebou alespoň trochu dortu.

Kamila: Rádi. Je vynikající. Děkujeme za pohoštění. Příště
            musíte přijít k nám.
Hostitelka: Domluveno. Dobrou noc!

54. Having Guests

Kamila and Michal are going to visit their friends.

Hostess: Hello, come in.
Kamila: Hello, sorry, we are a little bit late. We had a problem
           with parking.
Hostess: It's OK.
Michal: We brought a little gift.
Hostess: Oh, a box of chocolates, you didn't have to.
Host: Please take a seat. What would you like drink? Wine,
           beer or something non-alcoholic?
Kamila: I'll have wine and my husband is driving, so something
           non-alcoholic.
Host: We also have non-alcoholic beer.
Kamila: Great. He'll have that.
Hostess: Have some open face sandwiches.
Michal: Thanks, they're great. Is it a cheese spread?
Hostess: No, it's a garlic spread.

The hostess is bringing a cake.

Kamila: Oh wow, you even have a cake?
Host: Martina always bakes something.
Kamila: It's very good. You must give me the recipe!

After a couple of hours…

Michal: It's late. We should go.
Host: Oh no, it is not that late. We can have one more drink.
Michal: Unfortunately, we have to get up early tomorrow.
Hostess: OK, but take some of the cake with you.
Kamila: With pleasure. It's delicious. Thank you for your
           hospitality. Next time you have to come to our house.

Hostess: OK, we're all set. Good night!

*Úkol: Spojte slovesa z textu s jejich intinitivy. **Task: Match the verbs from the text with their infinitive forms.***

pojďte		muset
měli		péct
nevadí		jít
přinesli		mít
nemuseli		posadit se
posaďte se		dát si
dáte si		vadit
řídí		přinést
vezměte		vzít si
peče		řídit

55. V kadeřnictví

Key words: časopis (n., M, magazine), ideální (adj., ideal), inspirace (n., F, inspiration), kadeřnictví (n., N, hairdresser's), obarvit (to color), sestřih (n. M, haircut), souhlasit (to agree), spokojený (adj., satisfied), tmavá (adj., dark), tmavší (adj., darker), vcházet (to enter), zastřihnout (to trim)

Do kadeřnictví vchází paní, která se už těší na nový účes.

Kadeřnice: Dobrý den, co pro vás můžu udělat?
Zákaznice: Dobrý den, chtěla bych změnit sestřih. Ale nevím
             přesně jak.
Kadeřnice: Máme nějaké časopisy pro inspiraci. Podívejte se.
Zákaznice: Díky.

Za pár minut zákaznice našla, co hledala.

Zákaznice: Myslím, že už mám vybráno. Tenhle účes se mi líbí.
Kadeřnice: Skvěle. Takže vlasy zkrátíme a obarvíme na tmavší
             odstín.
Zákaznice: Ano, chtěla bych to přesně tak, jak je to tady.
Kadeřnice: Dobře, nejprve vám vlasy umyju a pak je zastřihneme a
             nakonec obarvíme. Souhlasíte?
Zákaznice: Ano.
Kadeřnice: Vyhovuje vám tato barva?
Zákaznice: Ta je moc tmavá.
Kadeřnice: A tahle?
Zákaznice: Ta je ideální.

Za hodinu…

Kadeřnice: Hotovo. Jste spokojená?
Zákaznice: Ano, vypadá to dobře. Kolik platím?
Kadeřnice: Tisíc tři sta padesát korun, prosím.

55. At the Hairdresser's

A lady who is already excited about her new haircut is entering the hairdresser's.

Hairdresser: Hello, what can I do for you?
Customer: I would like a new haircut. But I don't know what kind.
Hairdresser: We have some magazines for inspiration.
Customer: Thanks.

After a couple of minutes the customer found what she was looking for.

Customer: I think I have picked one. I like this haircut.
Hairdresser: Great. So we will trim and color your hair in a darker shade.
Customer: Yes, I would like it exactly like it is here.
Hairdresser: Alright, first I will wash your hair, then I will trim it and finally color it. Do you agree?
Customer: Yes.
Hairdresser: Is this color OK for you?
Customer: This one is too dark.
Hairdresser: What about this one?
Customer: This one is ideal.

An hour later…

Hairdresser: Done. Are you happy?
Customer: Yes, it looks good. How much is it?
Hairdresser: 1350 CZK, please.

Úkol: Spojte česká slovesa s jejich anglickými překlady. Task: Match the Czech verbs with their English translation.

umýt		to change
obarvit		to trim
zastřihnout		to color
změnit		to wash

Answer Key

1. Telefon
STEZAUE**ČÍSLO**BATEGJDS**TELEFON**THRISJ**DÍKY**OPSTHE

2. Zmrzlina
ice-cream = zmrzlina; chocolate sauce = čokoládová poleva; scoop = kopeček; vendor = prodavač(ka); please = prosím.

3. V řeznictví
šunka, kuřecí prsa, klobásy.

4. Na poště
Dobrý den. / Dobrý den. / Jednu obálku, prosím./ Ještě něco?/ Ne, díky. / 2 koruny. / Díky, na shledanou. / Na shledanou.

5. V kině
Prodavač: Dobrý večer, vítejte v City Cinema.
Zákazník: Dobrý večer, dva lístky na Jurský park, prosím.
Prodavač: Na 17:00?
Zákazník: Ano.
Prodavač: Nahoru nebo doprostřed?
Zákazník: Doprostřed.
Prodavač: Dvě stě dvacet korun, prosím.
Zákazník: Můžu platit kartou?
Prodavač: Jistě.

6. Rezervace stolu v restauraci
Servírka: Dobrý den, restaurace U Sudu.
Já: Dobrý den, tady (vaše jméno). Chtěla bych si rezervovat stůl.
Servírka: Na který den?
Já: Na čtvrtek na osm hodin.
Servírka: Ano, pro kolik osob?
Já: Pro sedm osob.
Servírka: Kuřáci, nebo nekuřáci?
Já: Kuřáci.
Servírka: Výborně. Budeme se těšit.

Já: Na shledanou.

7. Objednávka v restauraci
Servírka: Dobrý den, máte vybráno?
Zuzana: Dobrý den, já si dám salát Cézar.
Petra: Pro mě hamburger.
Servírka: A k pití?
Zuzana: Červené víno, prosím.
Petra: Pro mě vodu.
Servírka: Ještě něco?
Zuzana: Ne, díky.

8. V hotelu – problém s WiFi
JPOKO = pokoj, LÍOKO = okolí, CESTAURARE = restaurace,
REPCECE = recepce, LOHES = heslo

9. V hotelu – ubytování
V kolik hodin je snídaně? Snídaně je od 7:30 do 10:30. Kde je pokoj?
Pokoj 315 je ve 3. patře. Je tu výtah? Výtah je vpravo. Do kolika hodin
se musím odhlásit? Do 12 hodin.

10. Jak se dostanu na letiště?
Můžete mi zavolat taxi? Jak dlouho to trvá metrem? Jak se dostanu na
letiště?

11. Rodina
HDKOA**SESTRA**NAUEH**SESTŘENICE**N**BRATR**KTIP**ŘÍTEL**OP
P**JEDINÁČEK**

12. Taxi
True: Taxi je jen pro 1 osobu. False: Zákazník potřebuje taxi na šest
hodin večer. Zákazník potřebuje jet z hotelu Fénix. Zákazník potřebuje
taxi na zítra.

13. Na nádraží
Dobrý den. / Dobrý den. / Praha, prosím. / Zpáteční? / Ano, zpáteční, /
Máte nějakou slevu? / Ne, nemám. / Dvě stě dvacet korun. / Nevíte, ze
kterého nástupiště to jede? / To ještě nevím, musíte se podívat na
tabuli. / Děkuji.

14. Na celnici

Celník:	Dobrý den, váš pas, prosím.
Cestující:	Tady.
Celník:	Z jakého důvodu cestujete do České republiky?
Cestující:	Dovolená.
Celník:	Jak dlouho se v ČR budete?
Cestující:	Tři dny.
Celník:	Máte něco k proclení?
Cestující:	Ne, nemám.
Celník:	V pořádku, příjemný pobyt.
Cestující:	Děkuji.

15. Letiště – odbavení

Cestujete to Frankfurtu? Kolik máte zavazadel? Vytisknu vám palubní lístek. Vaše zavazadlo má nadváhu. To není možné.

16. V lékárně

True: Zákaznice má chřipku, platí kartou. False: Zákaznice nemá teplotu, chce citronový čaj.

17. U doktora

Pan Novák má ekzém. Pan Novák má ekzém na nohou i na rukou. Pan Novák musí postižená místa mazat dvakrát denně. Doktor má něco proti svědění. Pan Novák má přijít za dva týdny na kontrolu.

18. V kavárně

Kde je volný stůl? Vzadu u okna. Jaké mají v kavárně limonády? Okurkovou, levandulovou a malinovou. Jaké dorty si dají? Čokoládový a mrkvový. Co servírka zapomněla? Vidličku. Kolik to stoji? 320 korun.

19. Telefonujeme do zubní ordinace

Chtěl bych se objednat. I'd like to schedule an appointment. Dnes neordinujeme. We are closed today. Nešlo by to ve středu? Would Wednesday be possible? Ano, já jsem váš pacient. Yes, I'm your patient.

20. V baru

I'm Czech. Jsem Čech/Češka. I'm American. Jsem Američan/Američanka. Where are you from? Odkud jsi? What do you do in Prague? Co děláš v Praze? Do you work or study? Pracuješ nebo studuješ? Would you like to dance? Nechceš jít tancovat?

21. Ptáme se na cestu

Nevíte, kde je drogerie? Do you know where the drug store is? Vidíte to červené auto? Can you see that red car? Není zač. You're welcome. Promiňte, kde je směnárna? Excuse me, where is the currency exchange? Musíte jít rovně. Go straight ahead.

22. Na tramvajové zastávce

Which tram goes to the Prague castle? Která tramvaj jede na Pražský hrad? How many stops is it? Kolik je to zastávek? The ticket costs 32 crowns. Jízdenka stojí třicet dva korun. It is more expensive. Je to dražší. It is possible to buy a ticket there. Tam se dá koupit lístek.

23. Kupujeme boty

I'm looking for some black shoes. Sháním nějaké černé boty. These heels are too high. Tyhle/tyto lodičky mají moc vysoký podpatek. These are really elegant. Tyhle/tyto jsou opravdu elegantní. What size are you? Jakou máte velikost?

24. V jazykové škole

O jaký kurz má Robin zájem? O kurz češtiny. Jaká je Robinova úroveň? Středně pokročilá. Kolik stojí kurz? Čtyři tisíce sedm set korun. Kdy je první lekce? Příští týden. Je učebnice v ceně kurzu? Ano.

25. Narozeninová party

Máš už něco v plánu? V sobotu mám narozky. V kolik mám dorazit? Dělám doma malou party. To zní skvěle. Babička upeče dort.

26. Kupujeme dárek

Potřebuju nějaký dárek pro přítelkyni. Mohl bych vidět tento? Budete platit kartou, nebo hotově? Ten je moc hezký. Líbí se vám tento?

27. Odtažení auta
Proč volá pan Horký do firmy Akos? Potřebuje odtáhnout auto do servisu. Kde se vozidlo nachází? Vodární 37, Vyšov. Jakou má auto barvu? Černou. Jakou má auto SPZ? 5B5 3890. Kdy přijede odtahové vozidlo? Za 30–40 minut.

28. V květinářství
NEČNICESLU = slunečnice, ELILI = lilie, ŽERŮ = růže, KAFIÁTYRA = karafiáty, STYLI = listy.

29. Úschovna zavazadel
V kolik hodin zavíráte? Platí se paušální poplatek osmdesát korun. Kolik to stojí na tři hodiny? Jsme tu každý den od pěti do půlnoci. To je za osmdesát korun.

30. Kurz ledního hokeje
Kde viděl Tomáš kurz hokeje? Na internetových stránkách stadionu. Je v kurzu ještě volné místo? Ano. Potřebuje Tomáš vlastní brusle? Ne. Kolik je maximální počet lidí v kurzu? Dvanáct. Platí se až na místě? Ano.

31. Na hradě
Další prohlídka je ve 14 hodin. Můžeme jít na prohlídku ve 12:30. Federico neumí moc dobře česky. Kdy je další prohlídka? Můžu vám dát italský text.

32. V bance
I would like to open a checking account. Chtěl(a) bych si otevřít běžný účet. Your ID, please. Váš občanský průkaz, prosím. Please check your password. Prosím zkontrolujte si své heslo. I will need your signature. Budu potřebovat váš podpis. Please fill in your name. Prosím vyplňte své jméno.

33. Půjčovna bruslí
chtěla, velikost, moment, bohužel, zkusit, sedí, platím

34. U veterináře
Dobrý den. / Dobrý den, co ji bolí? / Už čtyři dny nežere. / Dám Vám tyto tablety. / Každý den jednu tabletu? / Ne, váš pes je malý, jen půl

tablety. / Kolik to bude? / Sto padesát sedm korun. / Děkuju, na shledanou.

35. Na farmářském trhu
Ty koláče jsou domácí. Ten třešňový koláč vypadá lákavě. Heidi a Petr si dají koláče. Prodavačka pekla brzo ráno koláče. Domácí džemy jsou zdravé.

36. Potřebujeme hlídání
Paní Kučerová: Nemáš čas ve čtvrtek na hlídání? Jdeme se sestrou na koncert. Pavla: V kolik hodin mám přijít? Kolik má neteř let?

37. Počasí
True: Zítra bude 15 stupňů. Zítra bude zataženo. Lenka má už deštník v kabelce. False: Karel neví, jak zítra bude. Zítra bude hezké počasí. Lenka si vezme svetr.

38. Plánujeme dovolenou
Andrea: Chci jet do Španělska. Podívám se na letenky. Míša: Ve Španělsku jsem byla loni. Letenky na Maltu budou drahé. Mám čas kdykoli kromě první poloviny srpna.

39. Jedeme na lyže
lyže = skis, lyžáky = ski boots, hůlky = ski poles, helma = helmet, lyžařské kalhoty = ski pants, lyžařská bunda = ski jacket, brýle = sunglasses

40. V kempu
Kolik stojí 5 nocí v kempu pro tuto rodinu? 2170 korun. Kolik platí děti do 6 let? Děti jsou zdarma. Platí se při odjezdu, nebo při příjezdu? Při odjezdu. Je v kempu půjčovna lodí? Ano. Kdy je otevřený minigolf? Od 8 do 20 h.

41. Úraz
počkat = počkejte, hýbat se = nehýbejte, bát se = nebojte se, pomoct = pomozte, zůstat = zůstaňte.

42. V muzeu
AÝSVTAV = výstava, MEUZUM = muzeum, ZEPXIOCE = expozice, SOAUČNOST = současnost, CESESE = secese, OZBRA = obraz

43. Jedeme na výlet
True: Vedle zámku je park. Adam a Milan si vezmou s sebou kola. False: Adam už na zámku Lednice byl. Adam a Milan pojedou vlakem.

44. Pokuta
Nemám občanský průkaz, mám jen pas. Víte, jaký přestupek jste udělal? Rychlost v obci je 50 km v hodině. Je mi líto. Pil jste alkohol?

45. Pozvání na svatbu
Šimon a Radka budou mít svatbu. Šimon by chtěl Steva pozvat na svatbu. Svatba bude za dva měsíce. Křivoklát je hrad. Steve má čas jít na svatbu.

46. Schůzka
Do I have any appointments today? Mám dnes nějaké schůzky? You have an appointment with Mr. Brown. Máte schůzku s panem Brownem. Where is the appointment with Mr. Kolář? Kde je schůzka s panem Kolářem? Could you confirm the appointment? Můžete schůzku potvrdit? Could you call Mr. Brown, please? Můžete zavolat panu Brownovi, prosím?

47. Policejní stanice – krádež
ztratit = ztratil se, ukrást = ukradl, stát se = stalo se, všimnout si = všiml jste si, telefonovat = telefonoval jsem

48. Rozbitý bojler
Potřebovala bych opravit bojler. Jsme bez teplé vody. Můžete počkat do pondělí. Jak dlouho to bude trvat? Jaká je vaše adresa?

49. Oprava bojleru
Paní Chrástecká: má problém s bojlerem, nekontroluje hladinu vody, musí platit víkendový příplatek, si objednala opravu bojleru na dnes, zaplatila celkem tisíc devět set korun.

50. V tělocvičně
True: Neomezené členství stojí tisíc osm set korun. Členové mají zdarma tři posilovací lekce za měsíc. První lekce je zdarma. False: Jan si jde do tělocvičny vyzkoušet lekce jógy. Další trénink je zítra v patnáct hodin.

51. Fotbal
John a Sean jsou v kavárně a mluví o včerejším fotbalovém zápase. Včerejší zápas byl skvělý. Tým Johna a Seana postoupil. Barista se na fotbal díval. Barista je fanda jiného týmu.

52. Pracovní pohovor
Paní Sawinski má zájem o pozici asistentky ředitele. V Praze žije už pět let. Studovala na obchodní akademii v Varšavě. Mluví polsky, česky, anglicky a německy. Je moc komunikativní.

53. Jdeme do divadla
Preferuje Simona komedie, nebo muzikál? Komedie. Co hrají v Divadle Na Vinohradech? Blbec k večeři. Viděla už Klára tuto hru? Ne. Kdy si musí lístky vyzvednout? 30 minut před začátkem představení. Který den jdou Simona a Klára do divadla? V sobotu.

54. Máme hosty
pojďte = jít, měli = mít, nevadí = vadit, přinesli = přinést, nemuseli = muset, posaďte se = posadit se, dáte si = dát si, řídí = řídit, vezměte si = vzít si, peče = péct.

55. V kadeřnictví
umýt = to wash, obarvit = to color, zastřihnout = to trim, změnit = to change

Vocabulary List

A

adresa, F	address
Američan, M	male American
Američanka, F	female American
anglický, adj.	English
angličtina, F	English language
areál, M	here: site
asi, adv.	approximately
asistentka, F	female assistant
auto, N	car
autobus, M	bus
automat, M	here: ticket machine

B

babička, F	grandmother
banka, F	bank
bar, M	bar
barva, F	color
běžný, adj.	here: checking (account)
blbec, M, vulg.	idiot
bohužel	unfortunately
bojler, M	water heater
bolest v krku, F	sore throat
bolet	to hurt
bonboniéra, F	box of chocolate
boží, adj., inf.	here: great
bramborový, adj.	potato
brankář, M	male goalie
brát	to take
bratr, M	brother
brečet	to cry
brusle, F	skate/skates
brýle, pl.	glasses
bydlet	to live

bylinkový, adj.	herbal

C

celnice, F	customs
celý, adj.	all, entire
cena, F	price
cesta, F	way
cestovat	to travel
cestující, F/M	passenger
citronový, adj.	lemon
cvičit	to work out, to exercise

Č

čaj, M	tea
čára, F	line
čas, M	time
časopis, M	magazine
čau	hi
Čech, M	male Czech
černý, adj.	here: dark; black
červené, adj.	red
Česká republika, F	Czech Republic
česneková, adj.	garlic
Češka, F	female Czech
čeština, F	Czech language
člen, M	male member
člentsví, N	membership
čokoládový, adj.	chocolate

D

další, adj.	other, next
dárek, M	gift
dát	to give
dát gól	to score (in sports)
dát si	here: to have sth to eat
deka, inf.	decagram

den, M	day
děkuji	thank you
dělat	to do, to make
deštník, M	umbrella
diagnóza, F	diagnosis
díky	thanks
dispečer, M	dispatcher
dítě, N	child
divadlo, N	theater
dlouho, adv.	long
dlouhý, adj.	long
dobrou chuť	bon apetit
dobrý, adj.	good
dobře, adv.	well
dohromady, adv.	together
domácí, adj.	homemade
doklad, M	document
doktor, M	doctor
doprostřed, adv.	in the middle
dorazit	here: to arrive
dort, M	cake
dospělý, M	male adult
dostat	to get, to receive
dostat se	to get somewhere
dovolená, F	vacation
dozadu, adv.	to the back
drahý, adj.	expensive
dražší, adj.	more expensive
drobné, pl.	change (coins)
drobnost, F	little something (gift)
drogerie, F	drug store
důvod, M	reason
dveře, pl.	door
dýchnout do	to breathe into
džem, M	jam

E
ekonomie, F	economy

ekzém, M	eczema
elegantní, adj.	elegant
esemeska, F	text message

F

fakt, adv., inf.	really
faktura, F	invoice
farmářský, adj.	farmer's
firma, F	company
flexibilní, adj.	flexible
fotbal, M	soccer
fotit	to take pictures
fotka, F	photo
fotoaparát, M	camera
foťák, M, inf.	camera
fungovat	to work, to be functional

H

helma, F	helmet
heslo, N	password
historie, F	history
hladina vody, F	water level
hlavní nádraží, N	main (train) station
hledat	to look for
hlídání, N	here: baby sitting
hned, adv.	immediately
hodina, F	hour
hodinky, pl.	watch
hodit se	to suit
hokej, M	hockey
horko, adv.	hot
hospoda, F	pub
host, M	guest
hostitel, M	host
hostitelka, F	hostess
hotel, M	hotel
hotově, adv.	in cash

hotový, adj.	done, ready
hra, F	play (e.g. in the theater)
hrad, M	castle
hranolek, M	French fry
hrozný, adj.	horrible
hruškový, adj.	pear
hůlka, F	ski pole
hýbat	to move sb/sth

CH

chlebíček, M	open face sandwich
chřipková, adj.	flu
chtít	to want
chvíle, F	little while
chybět	to miss
chytit	to catch

I

ideální , adj.	ideal
injekce, F	shot
inspirace, F	inspiration
instruktor, M	male instructor
internetová stránka, F	website
italský, adj.	Italian

J

jahodová, adj.	strawberry
jedináček, M	an only child
jednolůžkový pokoj, M	single room
jet	to go (by vehicle)
jistě, adv.	sure, certainly
jít	to go (by foot)
jít dál	here: to come in
jízda, F	ride, drive
jízdenka, F	ticket (for means of transport)
jméno, N	name

jo, inf.	yeah
jóga, F	yoga

K

kabelka, F	purse, handbag
kadeřnictví, N	hairdresser's
kamarád, M	male friend
kamarádka, F	female friend
kancelář, F	office
karafiát, M	carnation
karta, F	(credit) card
káva, F	coffee
kavárna, F	café
kecat, inf.	to be kidding
kilogram, M	kilogram
kino, N	cinema
klesnout	to drop
klíč, M	key
klobása, F	sausage
kluk, M	boy
koláč, M	pie
kolo, N	bicycle
komedie, F	comedy
koncert, M	concert
končit	to finish
konečně, adv.	finally
kontrola, F	follow up
kopeček, M	scoop
koruna, F	crown
koukat	to look at, to watch
koupit	to buy
krabička, F	little box
křižovatka, F	crossroad
kupovat	to buy
kurz, M	course
kuřák, M	smoker
kuřecí, adj.	chicken
květinářství, N	florist's

kytice, F	bouquet

L

lákavý, adj.	here: tasty; tempting
lékárna, F	pharmacy
lekce, F	lesson
lepší, adj.	better
let, M	flight
letenka, F	flight ticket
letiště, N	airport
léto, N	summer
levandulová, adj.	lavender
líbit se	to like
lilie, F	lily
limonáda, F	soft drink
listy, pl.	greenery
lístek, M	ticket
lodičky, pl.	heels (type of shoes)
loni, adv.	last year
lyžák, M, inf.	ski boot
lyžařské, adj.	ski
lyže, F	ski/skis

M

malinový, adj.	raspberry
mast, F	ointment
mateřská dovolená, F	maternity leave
maximální, adj.	maximum
měsíc, M	month
město, N	town
metro, N	underground
mezinárodní, adj.	international
míč, M	ball
milovat	to love
minerálka, F	mineral water
minuta, F	minute
místní, adj.	local

místnost, F	room
mít chuť	to feel like having
mít zájem o	to be interested in
moci	to be able to
most, M	bridge
mrkvový, adj.	carrot
muset	to have to
muzikál, M	musical
myslet	to think

N

nabízet	to offer
nádraží, N	train/bus station
nadváha, F	overweight
nádvoří, N	courtyard
nahoru, adv.	up
nacházet se	to be located
najednou, adv.	suddenly
najít	to find
napravit	to fix
napsat	to write down
náramek, M	bracelet
narozeninová, adj.	birthday
narozky, pl., inf.	birthday
na shledanou	goodbye
nástupiště, N	platform
naše	our
nealkoholické, adj.	non-alcoholic
nechat si ujít	to miss sth (on purpose)
nejbližší, adj.	the closest, earliest
nejprve, adv.	at first
nejrychleji, adv.	the fastest
někde jinde, adv.	somewhere else
někdo	someone
nemít tušení	to have no idea
nemocný, adj.	sick
neomezený, adj.	unlimited
nepříjemný, adj.	unpleasant

nervózní, adj.	nervous
nešťastnice, F	poor/unlucky girl
neteř, F	niece
nezdravý, adj.	unhealthy
noc, F	night
noha, F	leg
novinka, F	news
nový, adj.	new

O

obálka, F	envelope
obarvit	to color
obec, F	municipality
oběd, M	lunch
občanský průkaz, M	ID
obchodní akademie, F	business high school
objednat	to order
objednat se	to schedule an appointment (e.g. with a doctor)
objednávka, F	order
oblečení, N	clothes
oblíbený, adj.	favorite
obránce, M	male defender (in sports)
obraz, M	painting
obrovský, adj.	huge
odbavit se	to check in at the airport
odejít	to leave
odjezd, M	departure
odložit si	to take off clothes, to leave something somewhere
odtáhnout	to tow
odtahová služba, F	towing service
odtažení, N	towing
ochotná, adj.	willing
okno, N	window
okolí, N	vicinity
okurková, adj.	cucumber
omlouvat se	to apologize

opačná, adj.	opposite
oprava, F	repair
opravář, M	serviceman
opustit pokoj	lit. to leave the room, here: check-out
ordinovat	to be in the office (only for doctors)
organizovat	to organize
oslovit	to speak to, to address sb
osoba, F	person
ostrov, M	island
otevřít (si)	to open
ovoce, N	fruit
ozvat se	to contact someone

P

pacient, M	male patient
padat	to fall off
palubní lístek, M	boarding pass
pár	couple
party, F	party
pas, M	passport
patro, N	floor
paušální poplatek, M	flat rate
péct	to bake
pes, M	dog
pít	to drink
pití, N	drink
pivo, N	beer
plán, M	plan
plánovat	to plan
platební karta, F	credit/debit card
platit	to pay
pláž, F	beach
plná, adj.	full
pobřeží, N	coast
pobyt, M	stay
počet, M	number
počkat	to wait
podepsat	to sign

podezřelý, adj.	suspicious
podívat se	to have a look at sth
podobný, adj.	similar
podpatek, M	heel
počasí, N	weather
počkat	to wait
pohodlnější, adj.	more comfortable
pohoštění, N	hospitality
pojistka, F	safety lock
pokoj, M	room
poleva, F	sauce (e.g. for ice-cream)
policistka, F	female police officer
polovina, F	half
položit	to put
pomazánka, F	spread
pomoc, F	help
pomoci	to help
pondělí, N	Monday
poplatek, M	fee
Portugalsko, N	Portugal
posadit se	to sit down
posílat/poslat	to send
posilovací, adj.	strength
postižené místo, N	affected area
postoupit	to advance (in a competition)
pošta, F	post office
potíž, F	problem
potřebovat	to need
potvrzovat	to confirm
pozvání, N	invitation
práce, F	work
pracovat	to work
pracovní pohovor, M	job interview
prakticky, adv.	practically
pravda, F	truth
právě, adv.	right now
problém, M	problem
proclít	to declare
prodavačka, F	female vendor, shop assistant

profilová, adj.	profile
prohlédnout si	to look through (e.g. a museum), to see
prohlídka, F	tour
projet se na kole	to have a bike ride
prokličkovat	to dribble around
prosím	please, you are welcome, here you are
prověřit	to check, to verify
prstýnek, M	ring
prso, N	breast
přání, N	lit. wish
představení, N	performance
představit si	to imagine
přeháňka, F	rain shower
překročit	to exceed, to cross over
přepálit	here: to burn out
přestěhovat se	to move
přestupek, M	offence
přidat	to add
přihlašovací jméno, N	username
příjemný, adj.	pleasant
přijet	to arrive, come (by vehicle)
příjezd, M	arrival
přijít	to come (on foot)
příplatek, M	extra fee
připsat	to add (by writing)
příruční, adj.	carry-on (bag)
přistání, N	landing
přítel, M	boyfriend
přítelkyně, F	girlfriend
ptát se	to ask
půjčit si	to rent, to borrow
půjčovna lodí, F	boat rental
půl	half
půlnoc, F	midnight
původně, adv.	originally

R
radši	rather

Rakousko, N	Austria
ráno, N	morning
recepce, F	reception
recepční, F/M	receptionist
rekreační poplatek, M	tourist fee
restaurace, F	restaurant
rezervace, F	reservation
rezervovat	to reserve
rodina, F	family
rovně, adv.	straight ahead
rozhodnout se	to decide
rozbitý, adj.	broken
rozšířit	to expand
ruka, F	hand
rukáv, M	sleeve
různý, adj.	different, various
růže, F	rose
růžek, M, inf.	corner
rychlost, F	speed

Ř

ředitel, M	director
řepový, adj.	beet
řeznictví, N	butcher's
řezník, M	butcher
řidič, M	male driver

S

sako, N	suit jacket
salát, M	here: salad; lettuce
samostudium, N	self-study
sanitka, F	ambulance
sedět	to sit, to fit
ségra, F, inf.	sister
sejít se	to meet
servírka, F	waitress
servis, M	garage, service

sestra, F	sister
sestřenice, F	female cousin
sestřih, M	haircut
sezóna, F	season
slaný, adj.	savory
sluneční brýle, pl.	sunglasses
shánět	to look for
schůzka, F	appointment
silná stránka, F	strength
sirup, M	syrup
skalní fanda, M, inf.	male die-hard fan
skoro, adv.	almost
skříň, F	closet
skvěle, adv.	great
slabá stránka, F	weakness
slečna, F	Miss
sleva, F	discount
sluneční brýle, pl.	sunglasses
slunečnice, F	sunflower/ sunflowers
služební cesta, F	business trip
smažený, adj.	fried
směnárna, F	currency exchange
smůla, F	bad luck
snídaně, F	breakfast
současnost, F	the present day
souhlasit	to agree
spadnout	to fall off
spáchat	to commit
spěchat	to be in a hurry
spokojený, adj.	satisfied
spořicí, adj.	savings (account)
správně, adv.	correctly
sprej, M	spray
SPZ, F	license plate
srpen, M	August
stačit	to be sufficient, to be OK
stálý, adj.	permanent
stan, M	tent
stánek, M	stall

startér, M	starter
stát	to cost
stáž, F	internship
strana, F	side
strašně, adv.	horribly
střed hřiště, M	midfield
středověký, adj.	medieval
střecha, F	roof
stříbro, N	silver
studentský průkaz, M	student ID
studium, N	studies (e.g. university)
studovat	to study
stůl, M	table
svatba, F	wedding
svah, M	slope
svědit	to itch
svetr, M	sweater
sýr, M	cheese

Š

šatna, F	locker room
škola, F	school
šunka, F	ham
švestkový, adj.	plum

T

tableta, F	pill
tabule, F	board
tady, adv.	here
tancovat	to dance
táta, M	dad
taxi, N	taxi
telefonní číslo, N	phone number
telefonovat	to call by phone
tělocvična, F	gym
teplota, F	temperature

teplý, adj.	warm
test, M	test
těšit se	to look forward to
tmavá, adj.	dark
tmavší, adj.	darker
trafika, F	tobacco shop
tramvaj, F	tram
tramvajová, adj.	tram
trefit	to strike, to hit
trénink, M	workout, training
trh, M	market
tričko, N	T-shirt
trubička, F	little tube
trvat	to take time, to last
třešňový, adj.	cherry
třetí	third
turista, M	male tourist
turistka, F	female tourist
týden, M	week
tým, M	team
typ, M	type

U

ubytování, N	here: check-in; accommodation
ubytovat se	to check-in
učebnice, F	textbook
účet, M	account
událost, F	event
ukrást	to steal
ulice, F	street
umět	can, to have an ability to do sth
upéct	to bake
úraz, M	injury
určitě, adv.	sure
urgentně, adv.	urgently
úroveň, F	level
úředník, M	male clerk
úschovna zavazadel, F	baggage room

útočník, M	male striker
užít si	to enjoy

V

Vánoce, pl.	Christmas
vážit	to weigh
včetně	including
večer, M	evening
večeře, F	dinner
vědět	to know
velikost, F	size
veterinář, M	male vet
větší, adj.	bigger
vcházet	to enter
vlak, M	train
v pohodě, inf.	OK, alright
v pořádku, adv.	alright
vpravo, adv.	on the right
všechno	all, everything
vídeňská, adj.	Viennese
vidět	to see
vítat	to welcome
vidlička, F	fork
víkend, M	weekend
volat	to call
volný, adj.	free
volno, N	free time
vozidlo, N	vehicle
vracet se/vrátit se	to return
vstupenka, F	ticket
všude, adv.	everywhere
vybavení, N	equipment
výborně, adv.	excellent
vybrat (si)	to choose
výhoda, F	advantage, benefit
vyhovovat	to suit
výlet, M	trip
vypadat (hezky)	to look (nice)

vyplnit	to fill in
vyprodaný, adj.	sold out
vyrážka, F	rash
vyřadit	to eliminate
vysoký, adj.	high, tall
výstava, F	exhibition
vyšetřovat	to examine
výtah, M	elevator
vytisknout	to print
vyzkoušet	to try (on)
vyzvednout	to pick up
vzadu, adv.	at the back
vzít (si)	to take
vzít si na sebe	to put on, to wear
vzor, M	design, pattern

Z

zabalit	to wrap
začínat	to start
zahrada, F	garden
zahraničí, N	abroad
zájem, M	interest
zákazník, M	male customer
zákaznice, F	female customer
zámek, M	chateau
zánět zubu, M	tooth inflammation
zápas, M	game (e.g. soccer)
zapnout	to switch on
zapomenout	to forget
zapsat se	to sign up, to enroll
zarezervovat	to book
zastavit (se)	to stop
zastávka, F	stop (e.g. tram, bus)
zastřihnout	to trim
zataženo, adv.	overcast
zavazadlo k odbavení, N	checked bag
zavírat	to close
zavolat (si)	to call (each other) by phone

zázvorový, adj.	ginger
zeleninový, adj.	vegetable
zdarma, adv.	gratis
zdravotní sestra, F	nurse
zima, F	winter, cold weather
zimní stadion, M	winter stadium, ice-rink
zítra, adv.	tomorrow
zjistit	to find out
zkontrolovat	to check
zlomený, adj.	broken
zmrzlina, F	ice-cream
znát	to know
znít	to sound
zpáteční, adj.	return (ticket)
zpoždění, N	delay
zpracovat přihrávku	to catch the pass (in sports)
ztratit se	to disappear
zub, M	tooth
zubní ordinace, F	dentist's office
zůstat	to stay
zvlášť, adv.	separately
zvonit	to ring the bell

Ž

ženit se	to get married (used for men only)
žít	to live
žrát	to eat (used for animals)

www.ingramcontent.com/pod-product-compliance
Lightning Source LLC
LaVergne TN
LVHW052029080426
835513LV00018B/2243